MARCO POLO

LOS ANGELES

Reisen mit **Insider Tipps**

W0365943

Los Angeles ist ein Schmelztiegel der Kulturen und Lebensstile. In L.A. ist alles erlaubt, da wird das Leben zum Experiment. Außerdem sind die Leute immer freundlich und positiv. Das steckt an.

MARCO POLO Korrespondentin Anna-Barbara Tietz

(siehe S. 147)

Spezielle News, Lesermeinungen und Angebote zu Los Angeles:
www.marcopolo.de/losangeles

LOS ANGELES

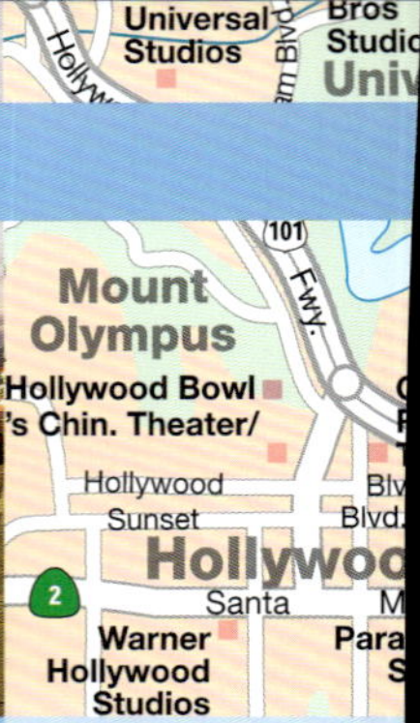

> SYMBOLE

Insider Tipp **MARCO POLO INSIDER-TIPPS**
Von unseren Autoren für Sie entdeckt

★ **MARCO POLO HIGHLIGHTS**
Alles, was Sie in Los Angeles kennen sollten

SCHÖNE AUSSICHT

WLAN-HOTSPOT

▶▶ **HIER TRIFFT SICH DIE SZENE**

> PREISKATEGORIEN

HOTELS
€€€ über 200 Euro
€€ 110–200 Euro
€ unter 110 Euro
Die Preise gelten für zwei Personen im Doppelzimmer mit Frühstück pro Nacht

RESTAURANTS
€€€ über 45 Euro
€€ 25–45 Euro
€ unter 25 Euro
Die Preise gelten für ein Abendessen mit Vor-, Haupt- und Nachspeise ohne Getränke

> KARTEN

[128 A1] Seitenzahlen un Koordinaten für Cityatlas Los Ang
[0] außerhalb des Kartenausschnitt

Zu Ihrer Orientierung sinc auch die Objekte mit Koo naten versehen, die nicht Cityatlas eingetragen sinc

Linienpläne von DASH un Metro Rail System finden im hinteren Umschlag, ei Übersichtskarte auf den Seiten 138/139

INHALT

> SZENE

S. 12–15: Trends, Entdeckungen, Hotspots! Was wann wo in Los Angeles los ist, verrät der MARCO POLO Szeneautor vor Ort

> 24 STUNDEN

S. 110/111: Action pur und einmalige Erlebnisse in 24 Stunden! MARCO POLO hat für Sie einen außergewöhnlichen Tag in Los Angeles zusammengestellt

> LOW BUDGET

Viel erleben für wenig Geld! Wo Sie zu kleinen Preisen etwas Besonderes genießen und tolle Schnäppchen machen können:

Sightseeing zum Schnäppchenpreis S. 57 | Preiswert schlemmen zur Happy Hour S. 66 | Designerklamotten im Ausverkauf S. 78 | Mit Resttickets zum halben Preis ins Konzert S. 88 | Günstige Herberge im alten Landhaus S. 98

> GUT ZU WISSEN

„The envelope, please" S. 10 | Action pur S. 35 | Entspannen & Genießen S. 36 | Blogs & Podcasts S. 38 | Bücher & Filme S. 44 | Richtig fit! S. 48 | In der Traumfabrik S. 51 | Gourmettempel S. 62 | Spezialitäten S. 64 | Zuschauersport S. 86 | Verblichene Pracht S. 90 | Luxushotels S. 96

AUF DEM TITEL
Galerien im ehemaligen Straßenbahndepot S. 48
Magische Bootstour S. 114

ENTDECKEN SIE LOS ANGELES!

Unsere Top 15 führen Sie an die traumhaftesten Orte und zu den spannendsten Sehenswürdigkeiten

Die Highlights sind in der Karte auf dem hinteren Umschlag eingetragen

1. **Cathedral of our Lady of the Angels**
Drittgrößte Kathedrale der Welt mit 6000 Plätzen in der Gruft (Seite 28)

2. **El Pueblo de Los Angeles**
Mexiko mitten in L.A. – eine andere Welt: Hier spricht man Spanisch (Seite 29)

3. **Walt Disney Concert Hall**
Frank O. Gehrys Konzertsaal besticht durch die perfekter Harmonie von Form und Funktion (Seite 31)

4. **Sunset Strip**
Rockclubs, Restaurants, Boutiquen – Achtung: Stars können Ihren Weg kreuzen (Seite 40)

5. **Los Angeles County Museum of Art (LACMA)**
Rundum-Erlebnis für Kulturfreunde: deutsche Expressionisten und präkolumbische Kunst, hochkarätige Wechselausstellungen, dazu Kino und freier Jazz – alles vom Feinsten (Seite 43)

6. **Rodeo Drive**
Für Fashion Victims mit dem entsprechenden Geldbeutel: mit das teuerste Shoppingpflaster der Welt – sehen und gesehen werden ist wichtig (Seite 45)

7. **Venice Beach**
Rummel mit hübschen Strandnixen und kernigen Muskelmännern vor der Kulisse der blauen Pazifikwellen (Seite 47)

7

> DIE BESTEN MARCO POLO HIGHLIGHTS

8 Getty Center
Kunst, Architektur und eine schöne Aussicht – drei gute Gründe für einen Besuch (Seite 52)

9 Universal Studios
Spezialeffekte und Wasserschlachten, Erdbeben, Spider Man und mehr (Seite 57)

10 Mel's Drive-in
Hamburger, Milk Shakes und Pommes frites – dazu Juke Box mit Songs aus den Golden Fifties (Seite 61)

11 El Cholo
Ein Restaurantbesuch wie ein Urlaub in Mexiko: mit Margaritas, Mariachis und gut gewürztem Essen (Seite 68)

12 American Rag Cie.
Kein profaner Laden, sondern ein Ereignis. Für Trendbewusste, Mode-Junkies und Jeans-Fans ein absolutes Muss (Seite 77)

13 The Kress
Megaclub über vier Etagen mit Palmen auf der Dachterrasse (Seite 87)

14 Mondrian
Trendy und durchgestylt: ein cooles Hotel voller schöner Menschen (Seite 97)

15 Joshua Tree National Park
Der größte Kaktusgarten Kaliforniens mit über 1000 Jahre alten Joshua Trees liegt in Palm Springs (Seite 114)

WAS FÜR EINE STADT!

Stadtansicht Los Angeles

AUFTAKT

> Los Angeles ist vielseitig und unwiderstehlich. Hier begegnet man tatsächlich Filmstars auf der Straße. Der Himmel ist fast immer blau. Die Palmen sind dünn und perfekt manikürt, die Frauen auch. Die Kellner im Restaurant sind eigentlich Schauspieler, die Schuhverkäufer in der Mall Drehbuchautoren. Die blonden Mähnen der California Girls sind meist künstlich verlängert, aber die gute Laune, die ist echt. Los Angeles lebt seine Klischees ganz ungeniert. Schein und Sein vermischen sich zu einer Art Über-Realität, in der man sich ununterbrochen die Augen reiben möchte. Und das macht diese Stadt zu einem der spannendsten und unterhaltsamsten Orte der Welt.

> Das Spannendste an Los Angeles ist seine Vielfalt. Die Schlagworte, die diese Stadt beschreiben, sind Mythos und Realität zugleich: Hollywood-Glamour und Palmen, Erdbeben und Waldbrände, Staus, Smog und Rassenunruhen unter ewig blauem Himmel, Hightech-Innovation und Zustände wie in der Dritten Welt.

„Angelenos", wie man die Bewohner der Stadt nennt, sind besessen von ihrer äußeren Erscheinung und ihren Autos. Aber L.A. hat auch 22 Nobelpreisträger, erstklassige Museen und eine lebendige Theaterszene. Die Supermärkte haben rund um die Uhr geöffnet und die Krankenhaus-Notaufnahmen, in denen Opfer von Bandenkriegen um ihr Leben kämpfen, auch.

> *Flickenteppich mit Swimmingpools*

Diese Mega-Metropole ist ein Experiment, das sich täglich neu definiert. Im Einzugsbereich leben rund 10 Mio. Menschen, Tendenz steigend. Sie kommen aus 140 Nationen, sprechen 96 Sprachen. Deshalb wird dieser Stadt nachgesagt, dass sie ein Modell für die Zukunft sei. Los Angeles ist wie das Internet: dezentralisiert, rasant wachsend, ein Schmelztiegel der Weltkulturen.

„Die Menschen schneiden sich von den Fesseln ihres alten Lebens ab, wenn sie nach Los Angeles kommen. Sie sind auf der Suche nach einem Ort, an dem sie frei sein können, wo sie Dinge tun können, die nirgendwo anders möglich sind," befand Tom Bradley, einst Bürgermeister dieser Stadt. Sie suchen nach Gelegenheiten zum Geldmachen oder Zuflucht vor politischer Verfolgung. Die große Freiheit produziert absurde Kontraste, ein Land aus Traum und Trauma. In L.A. rollen Monster-SUVs Seite an Seite mit Hybrid-Kleinwagen. Man trifft die am höchsten bezahlten

Alle Filmlegenden vereint: Wandgemälde am Hollywood Boulevard

Schauspieler und die am schlechtesten entlohnten Tellerwäscher, die straffsten Facelifts und die lausigsten Grundschulen der Nation.

Schon der Landeanflug auf Los Angeles ist ein Erlebnis. Dieses Monster von Stadt ist flach und breit. 115 km misst die Küstenlinie, an der entlang sich auf über 10 000 km^2 das quadratische Muster aus Avenuen und Boulevards erstreckt – ein Flickenteppich aus ausgewaschenem Asphalt und Grün, gespickt mit Flecken in leuchtendem Türkis, den Swimmingpools. L.A. ist ein Patchwork von 88 integrierten Städten, unterbrochen von zwei Bergketten, zusammengehalten von einem Netz aus Freeways. Wenn das Cabrio über den Pacific Coast Highway durch Malibu gleitet, der frische Meerwind mit dem Haar spielt und am Horizont der blaue Pazifik auf den noch blaueren Himmel trifft, scheint das Leben perfekt. Man breitet seine Decke am Strand aus und erfreut sich an fitten Surfern und Delphinen, die in den Wellen spielen. Wer mit offenen Augen durch L.A. zieht, wird viele magische Momente erleben. Man kann morgens im Meer schwimmen, mittags in den Bergen Ski laufen und sich abends in der Wüste im Sternenhimmel verlieren.

> Gigantischer Schmelztiegel der Kulturen

Vorausgesetzt, man bleibt nicht im Stau stecken. *Traffic jam* ist wegen der weiten Strecken und dem unterentwickelten öffentlichen Nahverkehr tägliches Programm. Die U-Bahn hat nur zwei kurze Linien, das Busnetz ist unübersichtlich, die Straßenbahntrassen wurden Anfang des 20. Jhs. von der Automobil- und Ölindustrie überteert. Der Automobilboom brauchte Freeways. Und die *car culture* dominiert bis heute.

Auch L.A. hat mal klein angefangen: mit 44 Siedlern – Indianer, Mestizen, Schwarze und zwei Spanier. Am 4. September 1781 wurde in der Bay of Smoke, wie der erste Weiße das Tal nannte, *El Pueblo de Nuestra Señora la Reina des Los Angeles del Río de Porciuncula* (The Town of Our Lady the Queen of the Angels by the Porciuncula River) ausgerufen. Der Rauch kam von den Feuern der Chumash-Indianer, die das Land jahrhundertelang besiedelt hatten. Der erste Marktplatz war mexikanisch. Noch heute ziehen auf der Olvera Street in Downtown Mariachi-Bands durch die Restaurants, wo im Holzkohleofen Tortillas gebacken werden.

Dominiert von Wolkenkratzern aus Stahl und Glas, ist Downtown der einzige Stadtteil, der echtes Großstadtflair bietet. Tagsüber drängeln sich Büroangestellte und Shopper durch die Häuserschluchten. Nach Feierabend leeren sich die Straßen entlang des Broadway, das Nachtleben findet eher in Hollywood und auf dem Sunset Strip in West Hollywood statt. Im eleganten Beverly Hills wird

> Bei den Reichen und Berühmten

die vom Chirurgen geschmälerte Nase hoch getragen, wenn feine Damen mit ihren Hündchen auf dem Rodeo Drive flanieren. Eine Fahrt durch die Canyons führt entlang imposanter Anwesen. In den Bürohäusern am Wilshire Boulevard machen Agenten Millionen-Deals für die Superstars, Paparazzi spielen auf dem Robertson Boulevard Katz und Maus mit Paris, Britney & Co.

Alle großen Boulevards führen zum Meer: Mulholland, Sunset, Wilshire, Santa Monica und Venice Boulevard. Auf dem Boardwalk in Venice tummeln sich Straßen- und Lebenskünstler, und die Wahrsagerin verspricht für ein paar Dollar eine rosige Zukunft. In Santa Monica reicht der Vergnügungspier weit ins Meer hinaus. Aus dem Riesenrad hat man einen Rundumblick auf den Pazifik, das Häusermeer und die Berge. Drunter schlängelt sich der Pfad für Rollschuhläufer und Fahrräder kilometerlang durch den Sand.

In Malibu zwängen sich die Anwesen der Schönen und Reichen zwischen den Pacific Coast Highway und die Brandung. Die Fahrt durch den Topanga Canyon führt in die einstige Hippie-Enklave in den Bergen, in der die Zeit idyllisch stehen geblieben ist. Vor dem General Store parken Pick-Ups, und im *Inn of The Seventh Ray* wird makrobiotische Gourmetküche serviert.

In der City of Angels ist alles phantastischer, kreativer und größer. Die Angelenos haben sich ihren eigenen Planeten mit eigenen Dimensionen

> „THE ENVELOPE, PLEASE"

Oscar – wer ihn bekommt, der hat's geschafft

Am 16. Mai 1929 wurde die vergoldete Statue im Hollywood Roosevelt Hotel zum ersten Mal verliehen. Die Gewinner standen vorher fest, und der beste Schauspieler, Emil Jannings, befand sich bereits auf dem Heimweg nach Deutschland, als die Zeremonie begann. Die *Academy of Motion Pictures* – heute hat sie ca. 5700 Mitglieder aus der Showbranche, die ihre Stimmen abgeben – nannte den Preis 1939 *Oscar*. Woher der Name kommt, ist unklar. Zurzeit werden die begehrten Oscars (offiziell *Academy Awards*) zu Anfang des Jahres im Kodak Theatre in Hollywood verliehen. Wenn der Umschlag geöffnet wird, ist die Spannung im Saal groß ...

geschaffen. Dabei haben auch die Stararchitekten mitgemischt. Herausragend sind das Getty Center von Richard Meier und die Disney Concert Hall von Frank O. Gehry, das Hollyhock House von Frank Lloyd Wright und das Gamble House der Gebrüder Greene. In den berühmten Krankenhäusern wie dem Cedars-Sinai oder dem UCLA Medical Center werden medizinische Wunder vollbracht – und das nicht nur beim Facelifting.

Untergangsprophezeiungen gehören zu L.A. wie der ewig blaue Himmel. Regelmäßig haben Intellektuelle diesem Ort der Eitelkeiten, des Hedonismus und der Gier das Ende vorausgesagt. In der Tat wird die junge Stadt der Superlative immer wieder von Wachstumsschmerzen geplagt. Doch jedem Crash folgte ein neuer Boom. Nach dem Goldrausch kamen Eisenbahn, Tourismus und Zitrusplantagen, dann Öl-Funde. Während sich in Europa der Erste Weltkrieg ankündigte, gründete der Schwabe Carl Laemmle die Universal Studios. Das legendäre südkalifornische Licht, das den Dingen besonders scharfe Konturen verleiht, lockte weitere Filmstudios an. Im Zweiten Weltkrieg boomte die Rüstungsindustrie. In den 1990er-Jahren wurde die Stadt von *riots,* Straßenkämpfen zwischen rivalisierenden ethnischen Gruppen, von Erdbeben und der Schließung von Militärstützpunkten in die Rezession getrieben.

> Auf jeden Crash folgt ein neuer Boom

Der Immobilienboom während der Wende zum 21. Jh. machte Los Angeles zu einem der teuersten Pflaster der Nation. Und wieder ist die Stadt unter Druck: Ermuntert von der Überbewertung ihrer Grundstücke haben viele Angelenos über ihre Verhältnisse gelebt. Und plötzlich bedrohen sogenannte *runaway productions* die Filmindustrie. Wegen Kostendruck und Gewerkschaftskämpfen werden Dreharbeiten zunehmend ins günstigere Kanada oder in Steueroasen wie New Mexico ausgelagert.

Straßenmusiker in der Olvera Street

TREND GUIDE LOS ANGELES

Die heißesten Entdeckungen und Hotspots! Florian Haertel scoutet Sie durch den Szene-Dschungel

Unser Szene-Scout

Der freie Journalist lebt seit zwölf Jahren im Herzen der Filmstadt. Als Korrespondent für das OK!-Magazin entgeht Florian Haertel keine Neuigkeit, und er muss über jeden Trend Bescheid wissen. Täglich läuft er mit seinen Hunden unter dem Hollywoodzeichen im Griffith Park. Er genießt die Vielfalt der Metropole, sei es im Jogging-Outfit am Strand, oder im Smoking auf dem roten Teppich.

HYBRIDSPORT

Stand Up Paddle Surfing

L.A.s Promis haben einen neuen Sport für sich entdeckt. Matthew McConaugheys und Jennifer Anistons neues Power-Workout heißt: Stand Up Paddle Surfing (kurz SUP). Auf dem Board stehend paddeln sie sich in einer witzigen Mischung aus Surfen und Kajakfahren fit. Und was Promis können, können die Angelenos schon lange. Die Nachfrage nach Longboards ist so groß, dass Shaper wie Steve Boehne vom *Infinity Surf Shop* jetzt spezielle Boards entwerfen *(24382 Del Prado, Dana Point, www.infinitysurfboard.com)*. Zu L.A.s SUP-Hotspots gehören der *Point Dume State Beach* in Malibu oder der *Dana Point* südlich von L.A. Bei Letzterem tritt neuerdings die SUP-Elite in der *Battle of the Paddle* auf hoher See gegeneinander an – dem Gewinner winken 25 000 US-Dollar *(www.rainbowsandals.com/battleofthepaddle,* Foto*)*.

MUSIK-INDIVIDUEN

Die Mischung macht's

Weg vom Einheitsbrei ist die Devise von Produzenten und Musikern. Indem sie verschiedenste Genres mischen, kreieren sie ihren ganz eigenen L.A.-Sound. So positioniert sich die Band *Flying Lotus* mit ihrer Musik aus Oldschool-Hip-Hop und Newschool-Elektronik in der musikalischen Avantgarde *(www.myspace.com/flyinglotus)*. Niki und Elvin, die Mitglieder der Band *Blank Blue*, experimentieren mit einem Mix aus psychedelischen Hip-Hop-Beats *(www.myspace.com/blankblue,* Foto*)*. Geheimtipp für ruhigere Klänge: *Eleni Mandell (www.elenimandell.com)*. Auf dem *Coachella Festival* erleben Musikfans lokale Bands neben internationalen Musikgrößen *(www.coachella.com)*.

DOWNTOWNS LOFT BARS

Innenstadt im Wandel

Bis vor Kurzem war Downtown nach Sonnenuntergang eine Geisterstadt, jetzt zieht es die Angelenos dorthin: Die ehemaligen Bürogebäude aus den 1920ern werden umfunktioniert, und es eröffnen schicke Loft Bars. *The Edison* überzeugt mit einer internationalen Karte und modernem Ambiente *(108 W. 2nd St., #101, www.edisondowntown.com,* Foto*)*. Backsteinwände, dunkles Holz und Bücherregale, die mit mehreren Hundert Exemplaren bestückt sind, bestimmen das Bild in der *Library Bar*. Hier schmecken die Cocktails, die aus saisonalen Zutaten zubereitet werden, besonders gut *(630 W. 6th St., www.librarybarla.com)*. Ein antiker Billardtisch und Hirschgeweihe schmücken das *Seven Grand (515 W. 7th St., www.sevengrand.la)*. Tipp: *www.downtownlascene.com* informiert über Downtowns Szene.

▶▶ MODEMEKKA

Designer-Co-Ops auf dem Vormarsch

Insider in L.A. shoppen in den neuen Designerkollektiven, die Kollektionen von Nachwuchsdesignern anbieten. Tolle Schnäppchen gibt's im L.A. Fashion District, vor allem entlang des Santee Alley z. B. das *J & A Warehouse (223 E. 14 St., www.jnawarehouse.com)*. Tipp: Jeden letzten Freitag im Monat finden hier Lagerverkäufe statt *(www.fashiondistrict.org)*. Bei *Avita Co-Op* in West Hollywood hängt Ökomode von Nachwuchs- und etablierten Designern. Die Trends gehen dort in Richtung recyceltes Cashmere und Bambusstoffe *(8213 W. 3rd St., www.avitastyle.com)*. *Apartment 3* ist eine Indie-Boutique, die auch die monatliche Fashion Show *Dress Right* organisiert *(1855 Industrial St., Loft 103, www.apartment-3.com,* Foto*)*. Weiteres Top-Event: die *Urban Fashion Week (www.ufwglobalnetwork.com)*.

▶▶ WELLNESSPARTYS

Maske trifft Cocktail

Wie könnte es anders sein – in der Stadt der Reichen und Schönen steht Wellness ganz oben auf der To-do-Liste. Die Angelenos lieben Spa-Partys und Bademantel-Events! Sie treffen sich mit Freunden oder Kollegen zu Drinks, Musik und Wellnessanwendungen und entspannen ganz ungezwungen. *Dtox Day Spa* organisiert Happy Hour Fridays mit Drinks, Musik, Fingerfood und Treatments wie Hand- und Fußpeelings, Nacken- und Halsmassagen *(3206 Los Feliz Blvd., www.dtoxdayspa.com)*. In der *Beauty Bar* gönnen sich Retrofans Martinis und Maniküre *(1638 N. Cahuenga Blvd., www.beautybar.com,* Foto*)*. Ebenfalls hoch im Kurs: Wellness-Partys zu Junggesellinnenabschieden z. B. im *Le Petite Retreat Day Spa*. Einfach das Spa mieten und dann mit den besten Freundinnen relaxen *(331 N. Larchmont Blvd., www.lprdayspa.com)*.

KEINE SPUR VON FAST FOOD

Burger für Gourmets

Kaliforniens Fitnessjünger lieben Fastfood! Wer dabei an den guten alten Hamburger denkt, wird Augen machen! In L.A. werden Luxusburger mit extravaganten Fleischsorten und Zutaten serviert. Bei *The Counter* in Santa Monica stehen 10 Käsesorten, 18 Zutaten, 18 Saucen und 3 Brötchen zur Wahl. Übrigens: Paris Hilton lässt sich hier ihren Burger immer in Salat wickeln *(2901 Ocean Park Blvd., www.thecounterburger.com,* Foto*)*. Der Hit bei *Josie* ist der Buffalo Burger aus gehackter Büffellende auf Brioche-Brötchen *(2424 Pico Blvd., www.josierestaurant.com)*. Im *25 Degrees* gibt's Luxusburger mit Pesto oder Avocado *(7000 Hollywood Blvd., www.25degreesrestaurant.com)*.

ART WALKS

Kunst zum Anfassen

Wenn sich Galerien in Eventlocations verwandeln und Kunstinteressierte jeden zweiten Donnerstag im Monat die Ausstellungsräume stürmen, nennt man das *Downtown Art Walk (www.downtownartwalk.com,* Foto*)*. Eine Karte führt die Teilnehmer zu den Museen und Galerien der Gallery Row – unter anderem in die *Gallery 825/LAAA*. Die Galerie und Vereinigung unterstützt aufstrebende Künstler aus Südkalifornien *(825 N. La Cienega Blvd., www.laaa.org)*. Witzig: die *The Spoke(n) Art* Radtour. Einmal im Monat radeln Kunstfans im Nordosten der Stadt gemeinsam von Galerie zu Galerie *(http://bikeoven.com/spokenart)*.

ÖKOAUTOS

Stilwechsel in Hollywood

L.A. denkt um: Statt laut, riesig und protzig sind Ökoautos zu bevorzugten Fortbewegungsmitteln geworden. Sogar bei den Oscars fahren immer mehr Stars mit den umweltfreundlichen Flitzern vor. Hybrid-Mietautos wie den *Toyota Prius* (Foto) gibt's bei *EV Rental (5500 West Century Blvd., www.evrental.com)*. Stilecht und ökolgisch korrekt zugleich lassen sich Umweltbewusste von *Evo Limo* in Luxusautos mit niedriger Emission – z. B. einem *CNG Chevrolet Suburban* – zu Geschäftsterminen fahren *(www.evolimo.com)*. Noch grüner fährt man mit *Taxi Taxi*, deren Fuhrpark aus Hybrid Cabs und Mercedessen mit Biodiesel besteht *(www.santamonicataxi.com)*.

> PHANTASIE UND WIRKLICHKEIT

Für L.A., die Stadt der Träume und unbegrenzten Möglichkeiten, gibt es keine Maßstäbe

ARCHITEKTUR

Das sonnige Klima der Metropole hat viele Architekten inspiriert. Non-Konformisten haben in der Stadt Visionen verwirklicht und Epochen moderner Architektur definiert. Das *Lovell House* des Österreichers Richard M. Neutra in Griffith Park war 1929 mit seinen geometrischen Formen, leichten Stahlrahmen und frei stehenden Balkonen seiner Zeit weit voraus. Landsmann Rudolf M. Schindler baute 1921 das *Schindler House* in West Hollywood mit Schiebetüren- und Wänden, die die Grenzen von Innen und Außen verwischen. Frank Lloyd Wright gab dem *Hollyhock* und dem *Ennis Brown House* die bahnbrechenden organischen Formen. Ein weiterer Klassiker ist das *Chemosphere* von John Lautner, das seit 1960 wie ein Ufo auf einer Säule in den Hollywood

Bild: Getty Center

STICH WORTE

Hills schwebt. An den 36 sogenannten *Case Study Houses,* die in der Stadt verteilt 1945 bis 1962 als Prototypen für modernes, preiswertes Wohnen errichtet wurden, wirkten wichtige Avantgardisten wie Charles und Ray Eames und Pierre Koenig mit. Wolkenkratzer wurden erst ab den 1960er-Jahren errichtet, als man sich auf erdbebensichere Bauweisen verlassen konnte. Jüngste Meilensteine der Architektur sind Frank O. Gehrys stählerne *Walt Disney Concert Hall,* Richard Meiers *Getty Center* und Renzo Pianos *LACMA-Bau.*

ERDBEBEN

Der San-Andreas-Graben im Osten von L.A. und zahlreiche Verwerfungen unter dem Stadtgebiet produzieren ständig seismische Aktivität. Ca. 10000-mal im Jahr bebt die Erde. Die meisten Stöße sind so schwach, dass man sie nicht spürt. Erdbeben lassen sich nicht voraussagen, trotzdem glauben Geologen, dass in den nächsten 30 Jahren mit 99-prozentiger Wahrscheinlichkeit ein Katastrophenbeben fällig ist. Im Falle eines *Big One* nicht auf die Straße rennen und nicht unter Tische oder Betten legen, sondern direkt daneben. Nur dort entstehen bei Deckeneinsturz lebensrettende Hohlräume.

Fit sein ist alles – Jogger in Santa Monica

HOLLYWOOD HISTORY

Der „Vater der Filmindustrie" und Gründer der Universal Studios, der Schwabe Carl Laemmle, erfand den Starkult. Seine Idee, dass öffentliche Auftritte der Schauspieler die Filme besser verkaufen, hat sich bis heute bewährt. Die Studios schossen wie Pilze aus dem Boden: Columbia, Metro Goldwyn Mayer, Paramount, Warner Brothers, 20th Century Fox. Laemmle inspirierte zahlreiche deutschsprachige Künstler, ihr Glück im jungen Hollywood zu versuchen, darunter Erich von Stroheim, Marlene Dietrich, Hedi Lamarr und Robert Siodmak. Die Filmbosse hatten ihre selbst produzierten Stars fest im Griff. Schauspieler, Produzenten und Regisseure bekamen wöchentliche Gehälter. Als Inhaber der Kinos zeigten Studios nur ihre eigenen Filme. Nach dem Zweiten Weltkrieg wurde diese Allmacht aufgebrochen. Die Filmtheater wurden unabhängig. Produzenten machten sich selbstständig und engagierten ihre Talente auf Projektbasis. Seither herrscht Konkurrenz unter den Kreativen. Topstars verlangen heute Millionengagen, bis zu 20 Mio. Dollar pro Film.

Die in Los Angeles am meisten diskutierten Nachrichten sind neben Star-Hochzeiten, -Scheidungen und anderen Skandalen die sogenannten *boxoffice*-Informationen vom Wochenende, die Einspielergebnisse von Filmen an der Kinokasse. Denn in diesem Millionengeschäft gilt heute mehr denn je: „Du bist nur so gut wie Dein letzter Film." In den Straßen von Los Angeles hört man oft die Worte *lights, camera, action!,* und Straßensperren, hinter denen weiße Trucks und Kamerakräne stehen, gehören zum Stadtbild.

SMOG

Eine der meistbenutzten Vokabeln im Sprachgebrauch der Angelenos ist *smog*. Das Wort setzt sich zusammen aus *smoke* (Rauch) und *fog* (Nebel). Die US Environmental Protection Agency verlangte 1988 von Los Angeles strikte Maßnahmen für die Smogreduzierung oder Hunderte von Millionen Dollar Strafe. Und tatsächlich – die Luftwerte haben sich in den letzten Jahren bereits erheblich verbessert,

STRASSENKÄMPFE

Nach der Ermordung von Martin Luther King jr. (1968) kamen bei bürgerkriegsähnlichen Unruhen in Watts, einem von African Americans bewohnten Viertel, 32 Menschen ums Leben. 1992 führte der Freispruch vier weißer Polizisten, die einen schwarzen Autofahrer verprügelt hatten, zu Straßenkämpfen, die 40 Menschen das Leben kosteten und Schäden in Milliardenhöhe verursachten.

TRENDS

Neue Trends für Diätfanatiker und Gesundheitsbewusste, New-Age-Anhänger und Fitnessbegeisterte haben hier ihre Wiege. Man glaubt an die Kraft der Elemente und richtet sein Leben nach den Sternen. Man kommuniziert mit den Verstorbenen und macht sich mit dem Leben nach dem Leben vertraut wie die Schauspielerin Shirley MacLaine. Es gibt mehr Akupunkturkliniken, Homöopathen, Wunderheiler, Wahrsager, Therapie- und Yogazentren als anderswo. Sogar Haustiere werden genadelt, massiert und psychotherapiert. Der Traum von der ewigen Jugend bewegt eine Millionenindustrie. In Los Angeles wurde die Botox-Party erfunden. Schönheitschirurgen entwickeln ständig neue Anwendungen, von der Handverjüngung bis hin zur 30-Minuten-Brust-OP in der Mittagspause.

FEIERN OHNE GRENZEN

Die multikulturelle Stadt sorgt für ein reiches Angebot an attraktiven Festen

> Was für die einen ein Feiertag, ist für andere *business as usual*, das heißt, viele Geschäfte, Restaurants und Kinos bleiben geöffnet. Einigkeit herrscht lediglich an amerikanischen Holidays wie *Fourth of July* und *Thanksgiving* (Erntedankfest). Auskünfte finden Sie in der „Los Angeles Times" und der kostenlosen Zeitung „L.A. Weekly".

OFFIZIELLE FEIERTAGE

Schulen, Postämter, Banken, Museen, Behörden, sind geschlossen am: **1. Jan.** *New Year's Day* (Neujahrstag); **3. Mo im Jan.** *Martin Luther King Jr. Day*; **3. Mo im Feb.** *President's Day*; **letzter Mo im Mai** *Memorial Day* (Gedenktag für die Toten und Kriegsopfer/Start der Sommersaison); **4. Juli** *Fourth of July, Independence Day* (Unabhängigkeitstag); **1. Mo im Sept.** *Labor Day* (Tag der Arbeit/Ende der Sommersaison); **2. Mo im Okt.** *Columbus Day*; **11. Nov.** *Veterans Day*; **4. Do im Nov.** *Thanksgiving Day* (Erntedankfest); **25. Dez.** *Christmas* (Weihnachten).

BESONDERE VERANSTALTUNGEN

Januar

Um 8 Uhr am ersten Morgen des neuen Jahres startet die traditionelle *Tournament of Roses Parade* auf dem Colorado Blvd. in Pasadena. *www.tournamentofroses.com*

Februar

Beim Chinesischen Neujahrsfest *(Chinese New Year)* tanzen lange Papierdrachen durch die Straßen, Knaller verscheuchen böse Geister.

März

Am irischen *St. Patrick's Day* trägt man etwas Grünes und lässt sich das Bier im Pub schmecken.
Die *Oscar-Verleihung* im Kodak Theatre in Hollywood versetzt die gesamte Stadt in einen Partyrausch.

April

Toyota Grand Prix in Long Beach: Ein Wochenende lang fegen die Rennwa-

>EVENTS FESTE & MEHR

gen der Indy-Klasse (ähnlich der Formel Eins) durch die Straßen. *www.longbeachgp.com*

Mai

★ *Cinco de Mayo*, der Mexikanische Unabhängigkeitstag, wird eine Woche lang um den 5. Mai herum in der ganzen Stadt zelebriert. Vor allem in Downtown: Essensstände, Mariachimusik und Latinostars.

Juni

Am 2. Wochenende des Monats erstklassiger Jazz-, Big-Band-, Latin- und Bluesmusik auf dem *Playboy Jazz Festival* in der Hollywood Bowl.

Juli

Überall spektakuläres Feuerwerk zum *Fourth of July*, dem amerikanischen Unabhängigkeitstag.

August

In Little Tokyo wird das japanische *Nisei Week Festival* gefeiert, mit Geishatänzen, Kabukitheater und vielen Leckereien.

September

★ *Happy Birthday Los Angeles!* findet auf dem El Pueblo de Los Angeles Plaza mit Essensständen und Musik statt.

Oktober

Halloween: Am 31. leuchten geschnitzte Kürbisse vor den Häusern, Geister und verkleidete Kinder ziehen durch die Straßen und fordern Süßigkeiten.

November

Bei der *Doo Dah Parade* in Pasadena, einer witzigen Parodieparade, marschieren u. a. Businessmen in dunklen Anzügen im präzisen Einheitsdrill.

Dezember

Künstlicher Schnee, Lichterketten, Rentiere und Santa Claus allüberall. Gleich nach Thanksgiving findet die *Hollywood Christmas Parade*, ein weihnachtlicher Umzug, auf dem Hollywood Blvd. statt.

> WOLKENKRATZER, STRÄNDE UND KULTUR

In Los Angeles finden Sie die ganze Vielfalt der Welt auf engstem Raum

> Am besten erkundet man die Stadt mit dem Auto. Entlang der endlosen Boulevards und Freeways erschließen sich zuerst die berühmten Klischees: Millionärsvillen wechseln sich ab mit Mega-Malls und Gettos, den ewig blauen Himmel verdeckt nichts außer ein paar Palmen und riesigen Plakatwänden, die den neuesten Hollywood-Kassenschlager ankündigen.

Es lohnt sich definitiv, neben den bekannten Sehenswürdigkeiten auch die weniger berühmten Ecken dieser Stadt anzusteuern. Am besten fängt man dabei in Downtown an, der quirligen Keimzelle dieser Megastadt. Eine Erkundungstour durch Downtown ist wie eine Reise durch Europa, Südamerika und Asien, dessen Immigranten hier eine neue Welt aufgebaut haben. Steigen sie in den DASH (Minibus), der Sie von einer Sehenswürdigkeit oder von einem Shoppingparadies zum nächsten bringt.

Bild: Route 66, Sunset Boulevard

SEHENS WERTES

Wer sich noch nicht sofort mit dem Auto auf die Freeways wagen mag, kann auf dem Sunset Boulevard, der bei Pueblo de Los Angeles anfängt und 37 km westlich in Pacific Palisades am Meer endet, einmal quer durch die Stadt cruisen. Der „Boulevard der Träume“, wie Sunset auch genannt wird, windet sich durch die unterschiedlichsten Stadtteile von Los Angeles und vermittelt einen Eindruck der sozialen und landschaftlichen Vielfalt. Interessante Berührungspunkte sind Hollywood, West Hollywood, Beverly Hills, Westwood und Brentwood. Die Fahrt ist ein erstes Schnuppervergnügen, das neugierig darauf macht, jedes Stadtviertel ausgiebiger zu erkunden.

Spätestens seit der Eröffnung des Getty Centers 1997 hoch oben in den Santa Monica Mountains kommt man auch zum Museumsbesuch nach Los Angeles. Mit über 300 Museen,

Die Karte zeigt die Einteilung der interessantesten Stadtviertel. Bei jedem Viertel finden Sie eine Detailkarte, in der alle beschriebenen Sehenswürdigkeiten mit einer Nummer verzeichnet sind

die überwiegend von privaten Spenden am Leben erhalten werden, kann man sich hier an Kunst sattsehen. Klassisches ist ebenso vertreten wie Völkerkundliches und Zeitgenössisches. L.A.s Museen sind gefüllt mit den Privatkollektionen wohlhabender Sammler, die ihre Schätze verleihen, verschenken und vererben. Jüngstes Beispiel ist die Erweiterung des Los Angeles County Museum of Art (LACMA), in dessen Broad Museum Künstler aus der zweiten Hälfte des 20. Jhs. aus der Sammlung von Gönner Eli Broad ausgestellt werden. Quellen des Wissens sind Museen wie das National History Museum mit seinen Dinosauriern oder das California Science Center, in dem interaktiv biologische und physikalische Wunder erkundet werden können. Über die ganze Stadt verstreut gibt es namhafte Galerien, die weltbekannte Künstler und die neue Avantgarde vertreten. Informationen zu aktuellen Ausstellungen finden Sie unter *www.artscenecal.com*.

Abgesehen von der Hochkultur, der Malerei und vorzüglichen Opernaufführungen und Konzerten ist L.A. natürlich als Film- und Unterhaltungshauptstadt der Welt bekannt. In der Tat hat man bei einem Besuch die Chance, eines seiner Leinwandidole in Fleisch und Blut zu erblicken. Dieses ist die Stadt, in der Will Smith,

Paris Hilton, Madonna & Co. nicht nur arbeiten, sondern auch leben. Und manchmal sieht man sie auch auf der Straße, z.B. beim Shopping auf dem Robertson Boulevard.

DOWNTOWN

> Abwechslungsreiche Architektur, Business- und Messezentrum, Museen und Kulturveranstaltungen von Weltklasse und eine brodelnde Multikulti-Mischung von Menschen und Sprachen auf den Straßen. Bis in die Mitte des 20. Jhs. war der Broadway mit seinen Filmpalästen und Theatern die Hauptschlagader von L.A. Heute findet man in den eleganten Gebäuden im viktorianischen bzw. Art-déco-Stil überwiegend Ramschläden. Die erdbebensicheren Hochhaustürme auf Bunker Hill, dem Hügel westlich von Broadway, waren das Ergebnis eines ersten Wiederbelebungsversuchs des heruntergekommenen Stadtviertels in den 1970er-Jahren. Über die letzten Jahre hat sich Downtown erneut gemausert. Viele historische Gebäude wurden zu modernen Lofts ausgebaut. Mit den neuen Bewohnern siedelten sich schicke Bars, Restaurants und eine rege Kunst- und Galerienszene

MARCO POLO HIGHLIGHTS

★ **Walt Disney Concert Hall**
Außen Kunst, innen mit der Los Angeles Philharmonic Musik vom Feinsten (Seite 31)

★ **Rodeo Drive**
Eines der teuersten Shoppingpflaster der Welt (Seite 45)

★ **El Pueblo de Los Angeles**
Geburtsort der Stadt mit buntem Treiben à la Mexiko (Seite 29)

★ **Kodak Theatre**
Das neue Zuhause für die Oscar-Verleihung (Seite 37)

★ **Cathedral of our Lady of the Angels**
Die drittgrößte Kathedrale der Welt (Seite 28)

★ **Sunset Strip**
Rockclubs, Restaurants, Boutiquen und jede Menge Fun (Seite 40)

★ **Universal Studios**
Haarsträubende Abenteuer aus der Filmwelt in 3-D und und viel mehr (Seite 57)

★ **Venice Beach**
Touristenrummel mit Action und Seeluft (Seite 47)

★ **Farmers Market**
Leckereien aus aller Welt (Seite 41)

★ **Bergamot Station & Santa Monica Art Museum**
Moderne Kunst im Straßenbahndepot (Seite 48)

★ **Getty Center**
Hohe Kunst und toller Ausblick (Seite 52)

★ **Los Angeles County Museum of Art (LACMA)**
Deutsche Expressionisten, präkolumbische Kunst (Seite 43)

DOWNTOWN

SEHENSWERTES IN DOWNTOWN

1 Bradbury Building
2 California Plaza
3 Caltrans District 7 Headqu.
4 Cathedral of our Lady of the A.
5 Chinatown
6 City Hall
7 El Pueblo de los Angeles
8 First Interstate World Center
9 Grand Central Market
10 Little Tokyo
11 L. A. Central Public Library
12 Museum of Contemp. Art/Geffen
13 Museum of Neon Art
14 Union Station
15 Walt Disney Concert Hall
16 Westin Bonaventure Hotel

an. Die Walt-Disney-Konzerthalle und die *Cathedral of our Lady of the Angels* sind Beispiele moderner Architektur von internationalem Rang. Weitere neue Gebäude sind im Zuge der Downtown-Renaissance in Arbeit. Begeben Sie sich auf eine Mini-Weltreise: Probieren Sie Dim Sum in Chinatown, eine California Roll in Little Tokyo, kaufen sie mexikanische Lederwaren auf der Olvera Street, Diamanten im Jewelry Center, orientalische Seidenstoffe oder gefälschte Designerklamotten „Made in Asia" zu Spottpreisen im Fashion District. Besuchen sie das MOCA oder gehen sie zum Five o'Clock Tea ins elegante *Biltmore Hotel* oder genießen sie die Happy Hour und den tollen Ausblick von der ▶▶ Poolbar auf dem Dach des *Standard Hotels (Flower St./W. 5th St.)*.

1 BRADBURY BUILDING **[129 D4]**

Der arbeitslose Designer George H. Wyman, der nie zuvor ein Haus gebaut hatte, nahm den Bauauftrag an, nachdem sein toter Bruder es ihm bei einer Séance befohlen hatte. Anregung fand er in Edward Bellamys Novelle „Looking Backward" von 1887, die als Utopie die Zivilisation im Jahr 2000 beschreibt. Leider starb Wyman, bevor das Haus 1893 fertig wurde. Das Innere ist ein Kunstwerk aus Marmor, Eisen, Holz und Glas. In vielen Filmen, u. a. in „Blade Runner" und „Chinatown", diente das Haus als Kulisse. *So geschl. | 304 S. Broadway/W. Third St.*

2 CALIFORNIA PLAZA **[129 D4]**

Wasserfälle und Amphitheater auf dem Watercourt, wo im Sommer Openairkonzerte stattfinden. In den Grünanlagen zwischen den Glas- und Betonriesen stehen Skulpturen, das Wasser aus den Brunnen hat einen kühlenden Effekt. Hier wurde der Film „Batman Forever" gedreht. *California Plaza 350 S. Grand Ave., zw. W. 4th/W. 3rd St.*

Hochhäuser an der California Plaza

3 CALTRANS DISTRICT 7 HEADQUARTERS [129 E4]

Das spektakuläre Gebäude hat $ 190 Mio. gekostet und den Architekten Thom Mayne zum Superstar gemacht. „Wetterfühlige" Architektur, die der Umwelt gut tut: An der Fassade angebrachte Panele aus Metall rotieren mit dem Himmel, lassen das Licht hinein, aber die Hitze draußen. Bei Sonnenschein erscheint das Gebäude fensterlos, bei Wolken wird der Bau transparent. Durch die viergeschossige Lobby ziehen sich ewig lange Neonröhren, die an die Streifen von Autolichtern auf den Freeways erinnern – perfekt für die Zentrale der *Transportation Agency,* die hier 2004 ihren neuen Sitz einnahm. *100 S. Main St./W. 1st St.*

4 CATHEDRAL OF OUR LADY OF THE ANGELS ★ [129 E3]

2002 wurde Downtown die drittgrößte Kathedrale der Welt eröffnet. Der betont schlichte Bau des spanischen Architekten José Rafael Moneo fasst bis zu 3000 Besucher, und nochmal 6000 finden draußen auf dem Kirchhof Platz. Es gibt ein Mausoleum und eine Gruft, die zusammen über 6000 Dahingeschiedene aufnehmen können. Das Relief auf den fast 10 m hohen Bronzetüren – entworfen von dem in L.A. lebenden Bildhauer Robert Graham – symbolisiert vierzig Kulturen, u.a. die der Ureinwohner von L.A. *Freies Orgelkonzert jeden Mi 12.45–13.15 Uhr, Öffnungszeiten tgl. 6.30–18 Uhr | 555 W. Temple St. (zw. Grand Ave./Hill St.) | www.olacathedral.org*

5 CHINATOWN [136–137 C–D4]

Das erste Chinatown in Amerika entstand hier in der zweiten Hälfte des 19. Jhs. und beherbergte damals fast ausschließlich chinesische Arbeiter, die zum Eisenbahnbau gekommen waren. Um 1900 lebten Tausende in dem Getto mit Opiumhöhlen, Prostitution und Glücksspielen, Geschäften, Restaurants und Theatern. In den 1930ern musste das Viertel dem Bau der Grand Central Station weichen. Heute leben die meisten Chinesen in den Vororten, Chinatown hat nur noch ca. 9600 Einwohner und liegt

Nicht zu übersehen: Hier ist Chinatown

etwas nordwestlich von seinem Ursprungsort. Es gibt einige sehr gute Restaurants und kleine Läden, in denen man Ginseng, getrocknete Haifischflossen, grünen Tee, Brokatslipper, Kimonos, Fächer und Spielzeug kaufen kann. *Touren Sa/So $ 18 | Treffpunkt Big China Seafood Restaurant | 911 N Broadway/College St. | Reservierung Tel 1-323-721-07 74 | www.chinatowncenter.com*

6 CITY HALL [129 E3–4]

Das Wahrzeichen der Stadt – und Arbeitsplatz von Superman in der Fernsehserie aus den 1950ern – wurde Ende 1920 fertiggestellt. Das 27 Stockwerke hohe Art-déco-Schmuckstück mit dem pyramidenartigen Dach auf der Turmspitze war bis 1957 das einzige Gebäude, das das Höhenlimit von 13 Stockwerken überschritt, und bis 1959 das höchste Gebäude in Downtown. Vom *Observation Deck* hat man einen wundervollen Blick auf den 24 km entfernten Mount Wilson. *200 N. Spring St., zw. West 1st/W. Temple St.*

7 EL PUEBLO DE LOS ANGELES ★ [129 F2]

Der „Geburtsort" von L.A. beherbergt einige der ältesten erhaltenen Häuser, z.B. *Avila Adobe* von 1818. Das aus ungebrannten Lehmziegeln bestehende Gebäude *(E10 Olvera St., südwestl. von E. Macy St.)* ist eingerichtet wie ein Ranchhaus des 19. Jhs. *(tgl. 10–17 Uhr)*. Auf der Olvera Street (zwischen Main und Alameda St.) reihen sich Stände mit mexikanischen Souvenirs und Kunsthandwerk aus Silber, Leder und Ton sowie süßen Leckereien.

8 FIRST INTERSTATE WORLD CENTER [128 C4]

Das höchste Gebäude westlich vom Mississippi wurde 1990 von Henry N. Cobb entworfen. Der etwas über

Innenraum der monumentalen Kathedrale

309 m hohe Wolkenkratzer, der wie eine römische Säule in den Himmel ragt, hat 73 Stockwerke. Hier haben viele Anwälte ihre eleganten Büros. In dem Film „Independence Day" wurde der Wolkenkratzer völlig zerstört, in der Realität steht er jedoch unversehrt an Ort und Stelle. *633 W. Fifth St., zw. S. Grand Ave./Hope St., gegenüber der Central Library*

9 GRAND CENTRAL MARKET [129 D4] Insider Tipp

Der größte Markt der Stadt bietet seit 1917 exotische Waren an. An den Essensständen findet man zwischen Tacos und Grillhähnchen auch Lammköpfe und Bullenhoden. *Mo–Sa 9 bis 18, So 10–17 Uhr | 317 S. Broadway, zw. 4th/3rd St.*

10 LITTLE TOKYO [129 E–F5]

Ein kleines Stück Japan mitten im amerikanischen Westen. Nach dem verheerenden Erdbeben in San Francisco 1906 siedelten sich viele Japaner in Los Angeles an, wo heute die größte japanische Übersee-Gemeinde lebt. Im Shopping-Zentrum *Japanese Village Plaza* gibt's einen exotischen Supermarkt, Kuriositäten und Kunstimporte sowie kleine und preiswerte Restaurants mit authentischen japanischen Gerichten wie Sushi, Reisnudeln und Shabu Shabu *(zwischen E. 1st St. und 2nd St./Ecke Central Ave.).* Das *Japanese American Museum (369 E. 1st St./Central Ave. | www.janm.org)* widmet sich einem dunklen Kapitel in der US-Geschichte: Während des Zweiten Weltkriegs wurden über 100000 Amerikaner japanischer Abstammung wegen ihrer Herkunft aus dem Feindesland in Lagern interniert. Besucher können auch Origami (die Kunst des Papierfaltens) lernen und japanische Kunst anschauen. *Entlang 1st und 2nd St., zwischen S. Los Angeles St. und S. Central Ave.*

11 LOS ANGELES CENTRAL PUBLIC LIBRARY [128 C4]

Der 1930 von Carleton Winslow Sen. und Bertram Goodhue erbaute Beaux-Arts-Komplex mit byzantinischen, ägyptischen und romanischen Einflüssen ist eine echte Augenweide. Nach einem Brandanschlag, dem 1986 zwanzig Prozent der Bücher zum Opfer fielen, wurde das Gebäude restauriert und 1993 neu eröffnet. Heute ist es die drittgrößte Bibliothek Amerikas. Im ersten Stock lohnt sich der Blick auf die Wandmalereien, die Kaliforniens Geschichte erzählen. Hier kann man auch kostenlos ins Internet und seine E-Mails abfragen. *630 West 5th St., zw. Flower/Grand St. | www.lapl.org*

Insider Tipp

12 MUSEUM OF CONTEMPORARY ART (MOCA)/GEFFEN CONTEMPORARY [129 D3]

1979 befanden die Stadtväter, dass Los Angeles ein Museum für zeitgenössische Kunst bräuchte. Während der Bauarbeiten zum MOCA wurden in einem alten Lagerhaus in Little Tokyo, das der Architekt Frank O. Gehry aufgemöbelt hatte, die ersten Ausstellungen gezeigt. Nach der Eröffnung des MOCA 1995 behielt man die Lagerhallen bei. Die Dependance erhielt den Namen Geffen Contemporary, nachdem der Entertainmentmogul und Kunstsammler David Geffen $ 5 Mio. gespendet hatte. Das Haupthaus, eine rote Steinpyramide des Architekten Arata Isozaki, bietet Avantgarde, Conceptional und Minimalist Art. Die Kollektionen setzen sich zusammen aus den besten Stücken des abstrakten Expressionismus und der Pop Art von 1940 bis heute – zu sehen sind u. a. Robert Rauschenberg, Jasper Johns, Mark Rothko und Franz Kline. *Do–Mo 11–17 Uhr, $ 8 (für beide Museen), Do abends (17–20 Uhr) Eintritt frei | Tel. 1-213-626-6222 | 250 S. Grand Ave. | Bunker Hill; Geffen Contemporary: 152 N. Central Ave./First St. | www.moca.org*

13 MUSEUM OF NEON ART [128 B6]
In der Dunkelheit blitzt und flimmert es. Elektrische Kunst und Stadtgeschichte. Die schrille Sammlung von Neonschildern ist das weltweit einzige Museum seiner Art. Von Juni bis Oktober werden jeden Samstagabend die sogenannten ▶▶ *Neon Cruises* veranstaltet – dreistündige Touren im Doppeldeckerbus durch Downtown und Hollywood entlang alter und neuer Neonschilder. *Do–Sa 12–19, So 12–17 Uhr | Eintritt $ 7 | 136 W., 4th St., zwischen Spring und Main St. | www.neonmona.org*

Insider Tipp

14 UNION STATION [129 F3]
Architektonisches Schmuckstück im Missionsstil und Zeuge des Glamours alter Zeiten, in denen Hollywoodstars wie Marlene Dietrich noch mit dem Zug reisten. Der 1939 erbaute Bahnhof, ausgelegt mit Marmorböden und überzogen von kathedralenartigen Decken, wurde von den Architekten John und Donald Parkinson entworfen. Heute fahren hier die Amtrak-Fernzüge und Nahverkehrszüge des Metro-Rail- und Metrolink-Systems ab. Gleich dahinter liegt das *Gateway Transit Center (Cesar E. Chavez Ave./Vignes St.),* der Hauptsitz der *Metropolitan Transportation Authority.* Interessant sind die Wandmalereien zur Entwicklung von Los Angeles vom späten 19. Jh. bis in die Gegenwart. *800 N. Alameda St., zwischen E. Macy St. und Santa Ana Freeway*

15 WALT DISNEY CONCERT HALL ★ [129 D3]
Das Zuhause der Los Angeles Philharmonic. Ein $-50-Mio.-Geschenk der verstorbenen Lillian Disney (Walt Disneys Ehefrau) gab den Anstoß für die insgesamt $ 274 Mio. teure Ergänzung zum Music Center, die im Oktober 2003 eingeweiht wurde. Die Harmonie von Form,

Cooler Bau: Museum of Contemporary Art

Ästethik und Akustik war eine Herausforderung für den Architekten Frank O. Gehry: Hier gibt es keine einzige gerade Wand. Das Gebäude gleicht einer Ansammlung von geblähten Segeln aus glänzendem Edelstahl, die Himmel und Wetter reflektieren. Die 2265 Sitze fassende Halle ist nicht nur einmalig in der Gestaltung, sie hat auch eine tolle Akustik. *135 North Grand Ave/First St.* | *www.disneyhall.com*

16 WESTIN BONAVENTURE HOTEL **[128 C4]**

Insider Tipp

Einen schönen und kostenlosen Blick über Downtown hat man vom gläsernen Fahrstuhl des Hotels, das von John Portman entworfen und 1976 gebaut wurde. Der Fahrstuhl saust außen am Gebäude in atemberaubender Fahrt 35 Stockwerke rauf und runter. Oben angekommen, sollte man das Restaurant *Top of Five* besuchen, das sich langsam dreht, und bei einem der tollen Cocktails den Blick über die Stadt genießen. *404 South Figueroa St., zw. 4th/5th St.*

HOLLYWOOD

> Hoffnungsvolle Jungschauspieler, Models, Fotografen und Drehbuchautoren bevölkern die Cafés und Restaurants. Der Dresscode ist cool-hip, die Preise sind moderat und die Nächte lang. Um den Hollywood und Sunset Boulevard herum findet man den historischen Kern der Filmindustrie mit Attraktionen wie dem Hollywood Walk of Fame, wo Sterne der Stars den Bürgersteig schmücken. In den 1980er-Jahren wurde der Hollywood Boulevard (von Gower St. Bis La Brea Ave.) mit seinen Prunkbauten aus den 1920er- und 1930er-Jahren unter Denkmalschutz gestellt. Besucher sollten trotzdem keinen Ausflug in das elegante Hollywood vergangener Tage erwarten. Prostituierte, Dealer und Obdachlose waren für lange Zeit so ziemlich die einzigen Einheimischen, die man hier antreffen konnte. Im Zuge umfangreicher Restaurierungen und der Errichtung schicker Neubauten zogen sie sich an die Ränder des Boulevards zurück. Der „neue“ Hollywood Boulevard ist in erster Linie ein kommerzielles Touristenzentrum. Um die Hollywood

Technisch-kühl – die gigantische Lobby im Hotel Westin Bonaventure

SEHENSWERTES IN HOLLYWOOD

1 Capitol Records Tower
2 El Capitan Theatre
3 Ennis Brown House
4 Fahey/Klein Gallery
5 Grauman's Chinese Theatre
6 Griffith Park
7 Hollywood Forever Cemetry
8 Hollywood Sign
9 Hollywood & Vine Metro Station
10 Kodak Theatre
11 Melrose Avenue
12 Mulholland Drive
13 Walk of Fame

Subway Station steht der neue *Hollywood and Highland Entertainment Complex,* ein Supercenter mit Kinos, Hotel, Restaurants, Clubs, Geschäften und dem *Kodak Theatre,* in dem die Oscars verliehen werden. Auf 6360 W. Sunset Blvd./Vine Street konkurriert der *Cinerama Dome,* ein exzellentes Beispiel futuristischer Architektur aus den 1960er-Jahren, seit seiner Renovierung eingebettet in das nagelneue *Arc Light Hollywood Center,* mit 14 Filmtheatern, Health Club, Restaurant und Café im Innenhof mit Palmen. Ein authentisches Stück Hollywood versteckt sich in den Hügeln nördlich vom Sunset Boulevard. In den kurvigen Canyons, wie Nichols und Laurel Canyon, stehen phantasievolle Prachtbauten des „Goldenen Zeitalters“: Schlösschen und Landhäuser, maurische Tempel und spanisch anmutende Haciendas. Hier wohnen nach

Chinesische Architektur à la Hollywood – Grauman's Chinese Theatre

wie vor viele Filmstars und Künstler. Oben angekommen, sollten Sie in den Mulholland Drive einbiegen, mit noch mehr Multimillionen-Häusern und mehreren Aussichtspunkten, von denen aus man die ausgedehnte Stadt und das Meer in ihrer ganzen Pracht sehen kann.

1 CAPITOL RECORDS TOWER [131 E1]

Der runde, zwölfstöckige Turm von 1956 ist ein Wahrzeichen von Hollywood. Er sieht aus wie ein Stapel alter Vinylschallplatten. Das Blinklicht auf dem Dach morst „Hollywood“. *1750 N. Vine St./Yucca St., zw. Franklin Ave./Hollywood Blvd.*

2 EL CAPITAN THEATRE [130 B2]

Gegenüber vom Kodak Theatre funkeln Tausende von Lampen an der Fassade des 1926 im spanischen Kolonialstil errichteten Prachtbaus. Heute ist das einstige Theater, das noch immer eine Aura von altem Hollywood-Glamour besitzt, ein Kino, in dem das Disney-Studio seine Filme zeigt. *6838 Hollywood Blvd.*

3 ENNIS BROWN HOUSE [135 F1]

Quadratisch, eckig, trotzig wie ein Mayatempel sitzt das Frank-Lloyd-Wright-Haus seit 1924 hoch oben in den Hügeln von Los Felíz. Nach dem letzten Erdbeben 1994 mussten 3500 neue Blöcke nachgefertigt werden, das Stück zu $ 250. Bemerkenswert sind die auch von Wright entworfenen blauen Glasfenster. *Besichtigung Di, Do, Sa 11, 13, 15 Uhr | 20 $ | Tel. 1-323-660-06 07 | 2655 Glendower Ave., zw. Bryn Mawr Rd./N. Catalina St. | Los Feliz | www.ennisbrownhouse.org*

4 FAHEY/KLEIN GALLERY [134 C3]

Zeitgenössische und *vintage*-Fotografie des 19./20. Jhs. Hier hängen Werke der besten Fotografen der Welt wie Irving Penn, Herb Ritts, Horst, Allen Ginsberg, Alfred Stieglitz, Man Ray u.a. Außerdem wechselnde Ausstellungen. *Di–So, 10–18 Uhr | 148 N. La Brea (zw. 1st St./Beverly Blvd.) | Los Angeles | www.faheykleingallery.com*

5 GRAUMAN'S CHINESE THEATRE [130 B2]

Der chinesische Phantasiebau mit Pagoden und Tempeln von Filmimpresario Sidney Grauman erlebte seit der Fertigstellung 1927 viele Premieren. Auf dem Vorplatz sind Hand- und Fußabdrücke von Stars, z.B. Humphrey Bogart und Marilyn Monroe, einzementiert. *6925 Hollywood Blvd., zw. Orchid Ave./N. Orange Dr. | www.manntheatres.com*

6 GRIFFITH PARK [138 C2]

Der größte Stadtpark der Nation (fünfmal so groß wie New Yorks Central Park) ist ein Geschenk des Millionärs Griffith J. Griffith. 30 Jahre lang war das Gelände teilweise Müllhalde. Seit 1896 hat sich die Landschaft durch Feuer, Trockenheit und Überflutungen immer wieder verändert. Es gibt 90 km Wander- und Radwege. Einer der schönsten ist der *Ferndell Trail*, der an heißen Tagen Kühle spendet. Den Namen hat er von den 140 Farnarten, die hier gedeihen. Nicht selten sieht man Rehe und Hirsche. Wer mag, setzt sich aufs Pferd; es gibt mehrere Ställe im Park. Ein besonderes Erlebnis sind die nächtlichen *Moonlight Rides* von der *Sunset Ranch (Tel. 1-323-469-54 50)*, auf denen man Kojoten hört und wo das Knacken im Gebüsch die Phantasie auf Hochtouren bringt. In der süd-

Insider Tipp

> ACTION PUR

Bei XMA trainieren wie die Profis

Hier können Sie zusammen mit dem Hollywood-Nachwuchs trainieren: die ultra-moderne Schule *XMA (Extreme Martial Arts) World Headquarters* [138 C2] bietet Kampfsport, Stunts, akrobatische Gymnastik und Tanz an. Hier gibt's das schnellste Trampolin der Welt, Laserlicht und Nebelmaschinen – fast wie an einem echten Filmset. Das Training kann mitgefilmt und an Ort und Stelle zu einem Action-Film geschnitten werden, in dem man selbst der Star ist. Täglich Klassen für Jugendliche und Kinder ab eineinhalb Jahren. Der aktuelle Plan steht im Internet. *5140 Lankershim Blvd./Magnolia Blvd. | North Hollywood | Tel. 1-818-980-2962 | www.xmahq.com*

östlichen Ecke neben dem Los-Felíz-Eingang ist das Kinderparadies mit Ponyreiten und Karussells. Sportfans können sich auf 24 Tennis- und vier Golfplätzen, mehreren Fußballfeldern und im riesigen Swimmingpool austoben. Im *Greek Theatre* finden im Sommer Openairkonzerte statt. Außerdem befinden sich hier das *Observatorium* und *Planetarium,* das *Autry Museum of Western Heritage* und der *Los Angeles Park Zoo*. Der Park ist umgeben von drei Freeways: Golden State (I-5), Ventura (I-134) und Hollywood (I-101). Es gibt mehrere Eingänge, am besten ist *4730 Crystal Springs Drive vom I-5 Fwy.*, wo die Rangerstation Karten und Informationen bereithält.

Insider Tipp

7 HOLLYWOOD FOREVER CEMETERY [135 E2]

Zwischen den Gräbern alter Hollywood-Glamour, modernstes High-tech, Traditionen aus aller Welt und eine junge Partyszene. Die berühmtesten Toten auf diesem eleganten Friedhof sind Rudolph Valentino und Jane Mansfield. Dazwischen liegen auch Normalsterbliche, Einwanderer aus der Ukraine, Deutschland oder Mexiko. An Wochenenden ehren Mexikaner ihre Verstorbenen traditionsgemäß mit Picknick auf den Gräbern und Tequilaschnaps. An den *Lifestories Kiosks,* die über das Gelände verteilt sind, kann man die liebevoll zusammengetragenen Lebensgeschichten der hier begrabenen Menschen – ob berühmt oder nicht – am Computerbildschirm anschauen. Die jüngst Verstorbenen teilen ihre Lebensweisheiten in Video-Interviews mit der Nachwelt. ▶▶ Im Sommer tummelt sich an jedem Samstag und Sonntag das Partyvolk. DJ's legen Technobeats auf, zwischen den Gräbern wird getanzt, und auf die

> ENTSPANNEN & GENIESSEN

Massagen, Peelings, Facials

L.A. hat ein breites Wellnessangebot, von Spas in den Stadtteilen bis zu Rundum-Verwöhntempeln. Nur für Frauen: Im *Olympic Spa* [135 E5], einem traditionellen koreanischen Badehaus, wird im Jaderaum nackt geschwitzt und in Heiltee gebadet, bevor einem kräftige Masseusen in schwarzen BHs und Höschen ein Ganzkörperpeeling mit heißem Wasser und kratzigen Schwämmen verabreichen *(Eintritt $15 | 25 Min. Ganzkörperpeeling $30 | Tel. 1323-857-0666 | 3915 W. Olympic Blvd./Nähe Western | Koreatown).* Der *Pho Siam Spa* [128 B1] bietet traditionelle Thai-Massagen in schönem Ambiente. Es gibt auch Behandlungsräume für Paare *($40/Std. | Tel. 1-213-484-8484 | 1525 Pizarro St./Glendale Blvd. | Nähe Downtown).* Strahlende Haut wie ein Star: Bei Skincare-Guru *Christopher Watt* [134 B2] bekommen Cameron Diaz, Nicole Kidman, Jennifer Lopez und Ricky Martin ihre Facials. Im Angebot sind innovative Spezialbehandlungen sowie Masken aus Blattgold, auch Massagen *(Facial ab $ 95 | Tel. 1-310-360-05 77 | 808 Hillsdale Ave./Santa Monica Blvd. | West Hollywood | www.christopherwatt.com).*

Insider Tipp

Mauern des Mausoleums werden Hollywood-Filmklassiker projeziert. Decke, Snacks und eine Flasche Wein (Alkohol ist hier nicht verboten, weil es sich um Privatgelände handelt) garantieren ein tolles Erlebnis. *6000 Santa Monica Blvd./ Beachwood Dr.* | *www.hollywoodforever.com* | *Info zu Filmvorführungen und DJ's: www.cinespia.org*

8 HOLLYWOOD SIGN [138 C2]

Das berühmte Markenzeichen Hollywoods mit seinen 15 m hohen Buchstaben steht hoch oben über dem Beachwood Drive. Als es 1923 errichtet wurde, um den Immobilienhandel in den Hills zu fördern, hieß es noch Hollywoodland, 1949 wurde das „land" abmontiert. Den besten Blick hat man von der Ecke Sunset Blvd./Bronson Ave. Man kann vom Griffith Park aus auch zum Zeichen hinaufklettern. Der Spaziergang (8 km hin und zurück) lohnt sich auch wegen der tollen Aussicht auf die Stadt. Den Bronson Canyon Park-Eingang nehmen und bis zum Ende des Canyon Drive fahren (der letzte Parkplatz links ist kostenfrei). Gehen Sie auf dem Brush Canyon Drive steil bergauf und folgen sie dann der kurvigen Straße links, bis Sie über dem Hollywood-Zeichen stehen. Zurück geht's auf demselben Weg.

Insider Tipp

9 HOLLYWOOD & VINE METRO STATION [131 E2]

Der einst berühmtesten Kreuzung der Welt, wo die Stars in den Anfängen Hollywoods flanierten, wurde mit dieser U-Bahn-Station ein Denkmal gesetzt. Alte Filmspulen dekorieren die Decke, ausgestellt sind u. a. zwei

Hollywood Sign, ein Schriftzug mit Sogwirkung

Filmprojektoren aus den 1930er-Jahren. Der Fußboden sieht aus wie die *yellow brick road* aus „Der Zauberer von Oz". *Hollywood Blvd./Vine St.*

10 KODAK THEATRE ★ [130 B1]

Das Kodak Theatre, neues Zuhause der Oscar-Verleihung, ist seit Ende 2001 das Kronjuwel des Hollywood und Highland Entertainment Complex mitten im historischen Herzen von Hollywood. Der $ 94 Mio. teure Bau der New Yorker Rockwell Group bietet *state-of-the-art*-Technologie, die Theater- und Ballettaufführungen, Shows, Musicals und Konzerte zu einem einmaligen Genuss für Augen und Ohren macht. Die Bestuhlung kann je nach Anlass von 2200 auf 3500 Plätze erweitert werden. Funkelnde Glasperlen und Kronleuchter glittern: Man weiß, dass man in Hollywood ist. *Tgl. Touren: Tel. 1-323-308-63 00 | $ 15 | 6801 Hollywood Blvd./Highland | www.Kodaktheatre.com*

11 MELROSE AVENUE ▶▶ [134 C3]
Eine der verrücktesten Einkaufsstraßen der Stadt: Hier sieht man, was morgen in ist. Hip-Restaurants, Cutting-Edge-Friseure, Boutiquen mit fluoreszierenden Kondomen, Räucherstäbchen, Plastikstiefeln und Stretchkleidern sowie Secondhandläden. *Zw. Fairfax/La Brea Ave.*

12 MULHOLLAND DRIVE [138 B–C2] Insider Tipp
Er bildet die über 35 km lange Grenze zwischen L. A. und dem San Fernando Valley. Der Drive windet sich vom Cahuenga Pass in Hollywood bis zum Leo Carrillo State Beach am Pazifik und bietet viele wunderschöne Aussichtspunkte auf das Valley, die Stadt und die teuren Häuser von Stars wie z. B. Kevin Costner. Die Eröffnung 1924 wurde mit Rodeo und Karneval auf der Vine Street zelebriert. Den Namen stammt

> BLOGS & PODCASTS

Gute Files, Foren und Tagebücher im Internet

> *www.laist.com* – Kommentare und Infos zu allem, was in der Stadt der Engel passiert. Schwerpunkte: kulturelle Ereignisse und Nachrichten.
> *www.perezhilton.com* | *www.x17online.com* | *www.tmz.com* – Aktuelle Nachrichten vom Planeten Hollywood: reich bebilderte 24-Stunden-Updates über die Kapriolen der Stars.
> *http://latimesblogs.latimes.com/alltherage/* – Sobald in L. A. ein neuer Trend geboren wird, ist er hier zu finden: Auf *All the Rage* präsentiert die Modeexpertin der „L. A. Times", was angesagt ist: Stylingtipps, die neuesten Accessoires, Infos zu Schnäppchen und Sonderverkäufen.
> *http://la.eater.com/* – Neuigkeiten aus L. A.s Küchen: Restauranteröffnungen und -kritiken.
> *www.kcrw.com/etc/programs/lo* – Das aktuelle Stadtgeflüster unter die Lupe genommen. *LA Observed* befasst sich mit den Schlagzeilen der Woche.
> *http://hollywoodpodcast.com* – Audiotagebuch eines Schauspielers und Singlemannes in Hollywood, mitten aus dem Leben, mit Tiefsinn und Humor erzählt. Tim Coyote berichtet vom Daten, Meetings mit Agenten, Jobsuche, Hoffnungen und Rückschlägen – Alltag in der Stadt der Engel.
> *http://framedpodcast.com* – Hier dreht sich alles ums Filmemachen. Craig und John plaudern über ihre Projekte, Kollegen berichten von ihrem Durchbruch in Hollywood, außerdem Tipps und Anleitungen für angehende Regisseure.

von dem Iren William Mulholland, der den ersten Aquädukt für die Stadt entwickelte.

13 WALK OF FAME [135 D–E2]
1960 dachte sich die Hollywood Chamber of Commerce die größte PR-Aktion seit der Errichtung des Hollywood-Zeichens aus und begann entlang von Hollywood Boulevard und Vine Street die Namen berühmter Entertainer in pinkfarbenem Terrazzo zu verewigen. Neben Hollywoodstars findet man auch Musiker und Comic-Figuren wie Bugs Bunny und Kermit den Frosch. Viermal wurden Sterne schon gestohlen. Im Jahr 2005 filmten Überwachungskameras Unbekannte im Dunkel der Nacht, die Gregory Pecks Stern aus dem Bürgersteig sägten. Die Plakette wurde im Folgejahr ersetzt, die Diebe nicht gefasst. Ein nach Namen sortiertes Verzeichnis der Sterne mit Standortangaben findet man unter *www.hollywoodchamber.net/icons/*. Insider Tipp Ein- bis zweimal im Monat werden neue Sterne enthüllt. Bei den Zeremonien kann man die Geehrten und prominente Kollegen aus der Nähe sehen. Termine ebenfalls auf der Webpage.

BEVERLY HILLS/ WEST HOLLYWOOD/ MID-WILSHIRE

> Mit ein bisschen Glück kann man hier den Hollywoodstars so richtig nahe kommen: Promis beim Shoppen und Ausgehen, Paparazzi in voller Aktion, Nobelvillen, Trend-Boutiquen und Bentleys mit Chauffeur. Rund um den Rodeo Drive trifft

Die Sterne der Stars: Walk of Fame

man eher das gediegene, „alte“ Hollywood. Paris, Britney & Co. tummeln sich auf dem trendigen Robertson Boulevard. Nördlich von Santa Monica und Sunset Boulevard kann man die Anwesen bestaunen, in denen die Stars wohnen. Den Boulevard säumen blau-gelbe Schilder, die *Star Maps* (Adressen von Promi-Anwesen) anpreisen. Besser ignorieren – sie sind nie aktuell und ihre $5 nicht wert. Ein Abstecher in die Canyons nördlich des Boulevards lohnt sich aber trotzdem. Hier kann man einige der elegantesten Anwesen der Stadt bewundern, Mini-Kopien von Schlösschen, mittelalterlich anmutende Anwesen und mediterrane Villen. Hinter zahlreichen Fassaden versteckt sich tatsächlich das Who is Who von Hollywood, aber die meisten Adressen sind so geheim oder neu, dass sie mit den *Star Maps* nicht zu finden sind. Den berühmten ★ *Sunset Strip* zwischen La Cienega Blvd. und Doheny Dr. bevölkerten in den 1930er- und 40er-Jahren Kasinos, Callgirls und Nightclubs. Viele Stars hielten sich ein Apartment im Chateau Marmont oder im heutigen Hotel Argyle. In den 1960er-Jahren war der Strip ein Hippieparadies. Heute findet man hier Rockclubs in Besitz von Hollywoodstars wie Johnny Depp, in denen bekannte Bands auf den Spuren der Stones oder der Doors spielen, Restaurants und zwischen den größten Plakatwänden der Welt den Buchladen *Booksoup,* in dem berühmte Autoren Lesungen halten. Entlang des Santa Monica Blvd. ist die *gay town* von L.A., das Zentrum der Schwulen- und Lesbenkultur der Stadt.

Südöstlich von West Hollywood beginnt der Mid-Wilshire-Bezirk. Die *Miracle Mile,* wie der Wilshire Boulevard zwischen Faifax und La Brea Avenue genannt wird, ist von Hochhäusern und zahlreichen historischen Bauten aus der ersten Häfte des 19. Jhs. gesäumt. Im Park, der sich an das Kunstmuseum LACMA anschließt, befiinden sich die *La Brea Tar Pits,* Teertümpel, die an den Ölboom in den Gründerjahren der Stadt erinnern. Das schicke Wohnviertel *Hancock Park* wurde von einem dieser frühen Ölmilliardäre in den 1920er-Jahren errichtet.

1 BEVERLY HILLS HOTEL [134 A3]

Wenn man sich die Übernachtung im Pink Palace am Sunset Boulevard nicht leisten kann, kann man zumindest durch die Hotelhallen schlendern und Fotos von Douglas Fair-

Über dem Sunset Boulevard schreitet der Marlboro-Mann in die Dämmerung

SEHENSWERTES IN BEVERLY HILLS/WEST HOLLYWOOD/MID-WILSHIRE

1 Beverly Hills Hotel
2 Farmers Market
3 Gagosian Gallery
4 Hancock Park
5 La Brea Tarpits & Page Museum
6 L.A. County Museum of Art
7 Museum of Tolerance
8 Pacific Design Center
9 Petersen Automotive Museum
10 Robertson Boulevard
11 Rodeo Drive
12 Schindler House/MAK Design C.

banks und Mary Pickfort, Marilyn Monroe und der jungen Elizabeth Taylor (beim Besuch in der Kunstgalerie ihres Vaters in diesem Hotel) bewundern. Anschließend können Sie in der berühmten Polo-Lounge, in der schon so mancher Hollywood Powerplayer saß, essen oder in der Bar einen Drink nehmen. *9641 Sunset Blvd.* | *www.thebeverlyhillshotel.com*

2 FARMERS MARKET ★ [134 C3]

Touristen, *celebrities* und „Normalos" trifft man an den über 100 Essens- und Verkaufsständen, die mit

Austern, Cajun Gumbo, frisch gepresstem Orangensaft, hausgemachter Erdnussbutter und Leckereien aus aller Welt locken. *Tgl. ab 9 Uhr | 6333 W. 3rd St./Ecke Fairfax Ave. | www.farmersmarketla.com*

3 GAGOSIAN GALLERY [134 A3]

Der aus L.A. stammende Larry Gagosian machte sein Glück in New York, bevor er zurückkam und die von Richard Meier (dem Architekten des Getty Centers) entworfene Galerie eröffnete. Zu den berühmtesten Künstlern seiner Sammlung zählen Richard Serra, Jennifer Bartlett und Frank Stella. *Di–Sa 10–17.30 Uhr | Eintritt frei | Tel. 1-310-271-94 20 | 456 N. Camden Dr. | Beverly Hills | www.gagosian.com*

4 HANCOCK PARK [134 C4]

Schicke Wohnanlage aus den 1920er-Jahren. Bis heute residieren hier die wohlhabendsten Familien der Stadt. Zäune sind verpönt, Telefon- und Stromleitungen ausnahmsweise unterirdisch verlegt, wodurch der Blick auf klassische L.A.-Architektur im XXL-Format ungetrübt ist. *Zwischen Highland und Rossmore Ave.*

5 LA BREA TAR PITS & PAGE MUSEUM [134 C4]

Vor 40 000 Jahren bahnte sich hier Öl den Weg an die Oberfläche, bildete Tümpel und verwandelte sich in eine zähflüssige Masse, die zur Todesfalle für Tiere und Pflanzen der Eiszeit wurde. Den schwarzen Teer, der heute noch brodelt, kann man aus sicherer Entfernung sehen, bevor man im Museum die Funde besichtigt: Säbelzahntiger, Mammuts, Wölfe, Kamele, Mastodons, Bären, Vögel, Eidechsen, Reptilien etc. Durch die Scheiben des Labors kann man beobachten, wie die Funde gereinigt und zusammengesetzt werden. Ein Hologramm zaubert Fleisch und Kleidung auf die 9000 Jahre alte La-Brea-Frau, deren Skelett hier gefunden wurde. Insider Tipp *Mo–Fr 9.30–17, Sa/So 10–17 Uhr | $ 7, jeden 1. Di im Monat Eintritt frei |*

Fast in Lebensgröße: nachgebildetes Mammut im Page Museum

Tel. 1-323-934-7243 | 5801 Wilshire Blvd., östl. von Fairfax Ave. zw. S. Curson Ave./S. Ogden Dr. | www.tarpits.org

6 LOS ANGELES COUNTY MUSEUM OF ART (LACMA) ★ [134 C4]
Das größte Kunstmuseum an der Westküste besitzt eine Sammlung von 150000 Objekten. Der Gebäudekomplex beherbergt ständige und wechselnde Ausstellungen. Der Campus, der sich in einer umfangreichen Umbau- und Erweiterungsphase befindet, wurde gerade um das *Broad Contemporary Art Museum* ergänzt, einen 2008 fertig gestellten Entwurf des Architekten Renzo Piano, in dem amerikanische Kunst des 20. Jhs. gezeigt wird. Die Ausstellungsstücke sind Leihgaben von Kunstsammler Eli Broad. Atemberaubend sind zwei begehbare Stahlskulpturen von Richard Serra, die das komplette Parterre einnehmen.

Im *Ahmanson Building* sind neben chinesischer und koreanischer Kunst Gemälde aus der Renaissance, niederländische und flämische Kunst des 17. Jhs. sowie amerikanische Kunst und Kunsthandwerk zu sehen. Besonders schön ist die islamische Sammlung, die sich auf dem gleichen Stockwerk wie die südostasiatische und indische Abteilung befindet. Die beiden Letzteren gehören mit 5000 Objekten zu den umfassendsten außerhalb Indiens. Im *Hammer Building* sind die Impressionisten und Postimpressionisten sowie deutsche Expressionisten untergebracht. Das *Robert O. Anderson Building* zeigt Kunst des 20. Jhs., u. a. von Matisse, Picasso, Braque, Kandinsky, Franz Kline, Willem de Kooning und Jackson Pollock, Pop-Art-Skulpturen von Claes Oldenburg und Andy Warhol, Minimalist Art und Skulpturen von Donald Judd oder Agnes Martin sowie einheimische Künstler wie Richard Diebenkorn und David Hockney. Im *Gerald Cantor Sculpture Garden* stehen u. a. 14 Rodin-Plastiken, und der *Pavilion for Japanese Art* enthält 300 Rollgemälde und Wandschirme aus der Edo-Periode (1615–1868) und über 550 *netsuke* (Kimonoverschlüsse).

Nebenan, im ehemaligen *May Company Building,* einem Art-déco-Bau aus den 1930er-Jahren, werden Sonderausstellungen gezeigt. Im Erdgeschoss hat das *Southwest Museum* eine Dependance mit einem Teil seiner Kollektion indianischer Kunst vom 19. Jh. bis zur Gegenwart. Freitagabends gibt's im Innenhof des Museums Jazzkonzerte bei freiem Eintritt. *Mo/Di, Do 12–20, Sa/So 11–20, Fr 12–21 Uhr | $ 9, tgl. nach 17 Uhr sowie am 2. Di des Monats ganztägig Eintritt frei | Tel. 1-323-857-60 00 | 5905 Wilshire Blvd. | östl. von Fairfax Ave. | www.lacma.org*

7 MUSEUM OF TOLERANCE [134 A4]
Hier beleuchten interaktive Multimedia-Ausstellungen die Phänomene Rassismus und Vorurteile – z. B. die *L.A. Riots* von 1992 und die über 250 amerikanischen *Hate-Groups*. Mittelpunkt des zum Simon Wiesenthal Center gehörenden Museums ist der Holocaust, die Vernichtung der Juden durch die deutschen Nationalsozialisten. Am Eingang bekommt jeder Besucher einen Pass mit Foto und Namen eines Opfers: Beim Gang

durch die Abteilung, die einem Konzentrationslager nachgebaut ist, erfährt man die Geschichte dieses Menschen und ob er den Völkermord überlebt hat. *Mo–Do 11.30–17, Fr 11.30–15, So 11–19.30 Uhr | $ 10 | 9786 W. Pico Blvd./Roxbury Dr. | www.wiesenthal.com*

8 PACIFIC DESIGN CENTER [134 B3]

Von dem argentinischen Architekten Cesar Pelli entworfen und 1975 gebaut, hat der *Blue Whale*, wie das kobaltblaue Glasungeheuer auch genannt wird, die Gemüter erhitzt. Seinem Bau fielen fast alle der kleinen Geschäfte auf Melrose Avenue zum Opfer. Mit ca. 300 Showrooms ist es das größte Zentrum für Interieurdesign an der Westküste. 1988 kam ein zweites Gebäude, diesmal in dramatischem Grün, dazu. Die neueste Attraktion sind zwei Riesenskulpturen aus Stahl von der Designfirma Selber Perkins, die einen Stuhl *(Seat of Design)* und eine Lampe *(Illuminating Design)* darstellen und an der Ost- bzw. Westecke von Melrose Ave. stehen. Das Gebäude wächst weiter, derzeit um einen dritten Flügel in knallrot. *8687 Melrose Ave./San Vicente Blvd. | West Hollywood | www.pacificdesigncenter.com*

9 PETERSEN AUTOMOTIVE MUSEUM [134 C4]

Inside Tipp

Das 1994 vom Verleger Robert E. Petersen eröffnete Museum besitzt

> BÜCHER & FILME

Literarische und cineastische Stadtansichten

> **City of Quartz** – Vieldiskutiertes und umstrittenes Sachbuch, das knallhart die sozialen, wirtschaftlichen und ökologischen Probleme der Stadt unter die Lupe nimmt. Historiker und Sozialkritiker Mike Davis zeichnet ein düsteres Szenario.

> **Barfly** – Charles Bukowski, der sich selbst exzessiv in den Kneipen der Stadt herumtrieb, schildert das zwielichtige Leben eines alkoholabhängigen Schriftstellers. 1987 spielte Mickey Rourke die Hauptrolle in der Verfilmung des Romans.

> **Der Himmel von Hollywood** – Drei gescheiterte Schauspieler planen den Coup ihres Lebens. Spannender und unterhaltsamer Thriller des niederländischen Autors Leon de Winter, 2001 von Sönke Wortmann verfilmt.

> **The White Album** – Sammlung autobiografischer Essays über die wilden 60er-Jahre. Autorin Joan Didion schreibt u. a. über Drogen, Jim Morrison und The Doors, die Bürgerrechtsbewegung

> **Dogtown and Z-Boys** – Dokumentarfilm über die Geburt der kalifornischen Surfer- und Skaterkultur. Interessante Reise in die 70er-Jahre, wo der heutige Massensport als anarchische Bewegung in Venice Beach begann.

> **Chinatown** – Leinwandklassiker von Roman Polanski (1974) über die gesetzlosen 1930er-Jahre, in denen die Stadt von Korruption regiert wurde und nach Wasser durstete. Jack Nicholson muss als Privatdetektiv die Skandale aufdecken.

die größte Sammlung zur Autokultur in Amerika: historische Fahrzeuge wie das Ford-Modell T von Dick und Doof, futuristische und berühmte Autos aus Film und TV und über 100 seltene Rennwagen. Besucher gehen durch Straßenszenen der 20er- und 30er-Jahre. Die Ausstellungen wechseln oft, Kinder haben Spaß im Autosimulator oder auf dem Feuerwehrauto. *Di–So 10–18 Uhr | $ 10 | Tel. 1-323-930-22 77 | 6060 Wilshire Blvd./ Fairfax Ave.* | *www.petersen.org*

Insider Tipp

10 ROBERTSON BOULEVARD ▶▶ [134 B3]

Erste Adresse, wenn man in Hollywood Stars sehen will. Zwischen Melrose Avenue und Third Street kann man die jüngsten, hippsten Edeltrends der Stadt aufspüren. Vor dem legendären Restaurant *Ivy* tummeln sich an jedem Tag der Woche Trauben von Paparazzi. Auf der Terrasse, die den Boulevard überblickt, speist fast immer irgendein Hollywood-Star. Sicheres Zeichen, dass ein Leinwandidol in unmittelbarer Nähe ist: rennende Fotografen und Kolonnen von SUVs, deren Fahrer sämtliche Verkehrsregeln brechen. Das ganze gepaart mit großem Geschrei – „Paris! Lindsay! Britney! Eva!" – und Blitzlichtgewitter. *Zwischen Beverly Blvd. und W. 3rd St.*

11 RODEO DRIVE ★ ▶▶ [134 A3–4]

Das Mekka für millionenschwere Selbstdarsteller. Im Parterre sind sämtliche Juweliere und Couture-Designer der Welt mit Showrooms vertreten. In den höheren Etagen werden Botoxpartys gefeiert, Nasen verkleinert und Brüste vergrößert. Nirgendwo auf der Welt gibt es eine so hohe Konzentration von Schönheits-Chirurgie-Praxen und Luxusläden. Das Ergebnis kann man auf dem Bürgersteig bewundern. Hier flanieren perfekt gestraffte California Beautys, an einem Arm die Designerhandtasche, am anderen ein Miniaturhündchen, das nicht selten ebenfalls in einer schicken Tasche getragen wird. Es lohnt sich, die Boutiquen von innen anzuschauen. Das Personal ist

Knallige Farben: Pacific Design Center

auch freundlich, wenn man nur mal gucken will. *Zwischen Santa Monica Blvd. und Wilshire Blvd.*

12 SCHINDLER HOUSE & MAK DESIGN CENTER FOR ART AND ARCHITECTURE [134 B3]
Hier lebte und arbeitete der in Wien geborenen Architekt R.M. Schindler. Er war 1910 nach Chicago ausgewandert, um für Frank Lloyd Wright zu arbeiten, und machte sich 1922 in Los Angeles selbstständig. Das Haus war als Lebens- und Arbeitsraum für zwei Paare konzipiert, mit Gemeinschaftsküche und einem Apartment für Gäste. Das Zuhause von Schindler und Ehefrau Pauline wurde zu einem der intellektuellen Mittelpunkte der Avantgarde-Kunst. 150 der 400 Schindler-Entwürfe, überwiegend kostengünstige Einfamilienhäuser für progressive Kunden, wurden während seiner Karriere auch errichtet. In Schindlers Tradition präsentiert das *MAK Center,* eine Nebenstelle des österreichischen Museums für Angewandte und Gegenwärtige Kunst, Ausstelllungen und Vorträge zu Architektur, Design und den Schnittstellen der Gegenwartskunst. *Mi–So 11–18 Uhr | Eintritt $ 17 inkl. Tour, Fr 16–18 Uhr Eintritt frei | 835 N. Kings Rd., West Hollywood | www.makcenter.org*

Trubel auf der Promenade von Venice Beach

SANTA MONICA/VENICE

> Entspanntes Epizentrum des California Beach Life: Die Luft ist sauber, die Straßen sind fußgänger- und fahrradfreundlich. Im gediegenen Norden von Santa Monica leben überwiegend Familien des gehobenen Mittelstands, in den südlichen Teilen Yuppies und Singles, die sich die hohen Mieten leisten können. Der breite Sandstreifen, an dem die Mega-Metropole die Brandung des Pazifiks grüßt, ist in Santa Monica von Luxushotels gesäumt. Auf dem Riesenrad am Ende des Vergnügungspiers kann man die Aussicht auf Meer und Stadt genie-

SEHENSWERTES IN SANTA MONICA/VENICE

1 Abbot Kinney Boulevard
2 Bergamot Station/Art Museum
3 Palisades Park
4 Santa Monica Pier
5 Segway Los Angeles
6 Third Street Promenade
7 Venice Boardwalk
8 Venice Canals
9 Venice Ren. Building/Binoculars

ßen. Gen Süden, wo die Strandpromenade von ★ *Venice Beach* beginnt, wird es zunehmend lauter und bunter. Straßenkünstler beschwören Schlangen, es wird für die Legalisierung von Marihuana demonstriert, Souvenirläden bieten T-Shirts und Bade-Accessoires feil, während Surfer mit ihrem Brett unterm Arm der perfekten Welle entgegenrennen. Es lohnt sich auch ein Spaziergang vom Strand hinüber zu den Kanälen, wo Spazierwege und kleine Brücken über romantische Wasserwege führen. Weiter gen Osten trifft man auf Abbot Kinney Boulevard, wo man sich in den Cafés, Restaurants, kleinen Boutiquen und Galerien unter die aufgeschlossenen Bewohner von Venice mischen kann: junge Kreative, vor allem aus der Film- und der Designbranche.

1 ABBOT KINNEY BOULEVARD ▶▶ **[131 F5]**

Wenige Straßenblöcke vom Trubel am Strand entfernt findet der Alltag von Venice statt. Entlang der abwechslungsreichen Straße, die von kleinen, alten Holzhäusern und modernen Lofts gesäumt wird, laden kleine Boutiquen mit exquisitem Sortiment – zumeist Mode, Kunst und Designartikel – sowie nette Cafés zum Verweilen ein. Das Flair ist international und entspannt, Man trifft auf Auswanderer aus Europa und kreative Köpfe. Insider Tipp In der *Jin Patisserie* wird selbst die Torte zur Kunst erhoben und mit Goldflocken und essbaren Blumen verziert. Die in Glasvitrinen entlang der Wände ausgestellten Törtchen und Pralinen sind eigentlich zu schön zum Essen, aber auch zu köstlich, um sie im Zen-inspirierten Garten des Cafés stehen zu lassen *(Mo geschl. | 1202 Abbot Kinney Blvd. | www.jinpatisserie.com)*

Entlang des Abbot Kinney Boulevards findet auch das Nachtleben von Venice statt, hier gibt es etliche erstklassige Restaurants und ein paar Bars.

2 BERGAMOT STATION & SANTA MONICA ART MUSEUM ★ ▶▶ **[132 B4]**

Im ehemaligen Straßenbahndepot von Santa Monica sind über 20 Galerien und Designstudios angesiedelt. Das *Santa Monica Art Museum* zeigt in wechselnden Ausstellungen kalifornische Künstler. Fast an jedem Wochenende Insider Tipp laden Galerien zu Vernissagen ein. Prima zum *people watching,* während man genüsslich mit einem Glas Wein in der Hand über den Innenhof des Komplexes von einer Galerie zur nächsten zu schlendert. *Mi–Sa 11–18 Uhr | 2525 Michigan Ave. | Info und Termine: http://www.bergamotstation.com/calendar.html*

3 PALISADES PARK **[130 A6]**

Hoch oben über dem Pacific Highway in Santa Monica laden Bänke unter Palmen zum Blick übers Meer in die scheinbar endlose Ferne ein. *Ocean Ave., zw. Colorado Ave./San Vicente Blvd.*

> RICHTIG FIT!

Angelenos nutzen jede Möglichkeit, fit zu bleiben

Der heißeste Fitnessclub ist *Crunch* in Hollywood **[134 C2]**. Neben Maschinen, Gewichten, Pool, Sauna etc. werden auch Workout-Klassen angeboten. Zum Beispiel: *Kardio Striptease* (Aerobic mit Stripteasebewegungen) und *Brasilian Dance Exercise* (Hüften schwingen, Hinterteil schütteln wie in Rio). *8000 Sunset Blvd. (N. Crescent Hights/Laurel Canyon Blvd.) | Mo–Fr 5–24, Sa/So 7–22 Uhr | Tageskarte $ 24 | Tel. 1-323-654-45 50, Auskunft über Workout-Klassen: Tel. 1-323-654-54 30 | www.crunch.com*

4 SANTA MONICA PIER [130 B6]
Der älteste Pier und Vergnügungspark an der Westküste, 1916 eröffnet und 1983 von einem Sturm zerstört, lockt nach seiner Renovierung mit Zuckerwatte und Popcorn, Schießbuden, Riesenrad und Achterbahn. In dem überdachten Hippodrom steht ein Karussell von 1916 mit 44 handgeschnitzten Pferdchen, das in dem Film „Der Clou“ mit Robert Redford und Paul Newman eine Hauptrolle spielte *(Fahrt 50 Cents). Tgl. ab ca. 12 Uhr bis lange nach Sonnenuntergang*

Spaßfaktor mit Tradition: Vergnügungspark am Santa Monica Pier

5 SEGWAY LOS ANGELES [130 B6]
Spaß haben mit einer kalifornischen Erfindung für Fußfaule: Mit einem motorisierten Elektroscooter nach einem 25-minütigen Crashkurs aufrecht stehend über den Fahrradweg im Sand cruisen. Nach vorne lehnen zum Beschleunigen, zum Bremsen zurücklehnen, aufrecht stehend zum Halt kommen. *$ 45 für Einführungskurs und 1-stündige Miete | 1660 Ocean Ave. (ein Block südlich vom Pier) | Tel. 1-310-395-1395 | www.segwayla.com*

6 THIRD STREET PROMENADE [130 A–B6]
Die Fußgängerstraße ist eine Seltenheit im Autoparadies L.A.: Boutiquen, Buchläden, Kinos, Restaurants, Cafés. Am Wochenende haben manche Geschäfte bis Mitternacht geöffnet. *Santa Monica, zw. Wilshire Blvd./Broadway*

Nach venezianischem Vorbild wurden die Venice Canals einst angelegt

7 VENICE BOARDWALK ▶▶ [131 E–F6]
Hier hat der Charme der Sixties überlebt. Im Strom der flanierenden Menschen lustiges Treiben aus Straßenkünstlern, Schlangenbeschwörern, langhaarigen Hippies und kurz geschorenen Youngstern in Baggy-Jeans auf Skateboards. Gegenüber von der Polizeiwache *(Ende von Windward Ave., am Haupteingang zum Strand)* kann man an den *Venice Public Art Walls* im Sand von der Stadt regulierte Anarchie in Aktion erleben: Am Wochenende sprühen Graffiti-Künstler um die Wette und müssen sich so nicht an Häuserwänden austoben *(www.veniceartwalls.com)*. Anschließend an einer der zahlreichen Mietstationen entlang des Boardwalk auf ein Fahrrad oder Rollerskates umsteigen und sich auf dem 22 Meilen langen Fahrradweg durch den Sand den Wind um die Nase wehen lassen (für ambitionierte Radfahrer, die die ganze Länge bestreiten wollen: *www.labikepaths.com*).

8 VENICE CANALS [132 C6]
Ein Kanalsystem von 26 km Länge durchzog früher ganz Venice. Italienfan Abbot Kinney ließ um die Wende zum 20. Jh. im Marschgelände vor den Toren der Stadt ein amerikanisches Venedig errichten, dessen Kanäle er mit hübschen Ferienbungalows aus Holz säumte. Besucher kamen aus Downtown per Straßenbahn, die damals noch über Felder rollte. Sechs der Wasserwege sind noch erhalten, der Rest wurde schon bald nach seiner Erbauung wieder zugeschüttet und mit Asphalt überzogen. Entlang der Kanäle findet man neben zahlreichen einstigen Ferienbungalows imposante Beispiele moderner kalifornischer Architektur. *Zwischen Ecke Pacific Ave./Venice Blvd. und Dell Ave./Washington Blvd.*

9 VENICE RENAISSANCE BUILDING UND BINOCULARS [131 E6]

Ein 10 m hoher Clown im Ballerinakostüm von Jonathan Borofsky steht hoch oben auf dem *Venice Renaissance Building*. Gegenüber schmückt ein vier Stockwerke hohes Fernglas von Claes Oldenburg den Eingang zum früheren Chiat-Day-Mojo Building. *340 Main St./Rose Ave.*

AUSSERDEM SEHENSWERT

BRENTWOOD & PACIFIC PALISADES [132 A–B 1–2]

Bevor der Sunset Boulevard im Westen am Pazifik endet, schlängelt er sich durch die ruhigen Wohngebiete mit prunkvollen Millionärsvillen. Ausnahme sind die beiden Museen der Getty-Stiftung, die auf jeden Fall einen Besuch wert sind. In den Pacific Palisades fanden während des Zweiten Weltkriegs zahlreiche europäische und deutsche Exilanten Zuflucht, darunter Thomas Mann, Bertolt Brecht und Lion Feuchtwanger.

GAMBLE HOUSE [139 E2]

Das japanisch angehauchte Feriendomizil von David und Mary Gamble aus Cincinnati (die Gambles von Procter & Gamble) wurde 1908 von Charles und Henry Greene im damals modernen *Bungalow Style* gebaut – ein handwerkliches Meisterwerk aus Teak- und Zedernholz, Eiche, Ahorn und Redwood. Wunderschön ist die Eingangstür, hinter der ein knorriger Baum aus Glas zu wachsen scheint. Flaches Schuhwerk ist erbeten. *$ 10 | Do–So 12–15 Uhr | alle 15–20 Min. startet eine einstün-*

> IN DER TRAUMFABRIK

Bei Studiobesuchen hinter die Kulissen schauen

Viele Studios verteilen Tickets an jeden, der mal bei einer TV-Show dabeisein möchte. Bei *Audiences Unlimited* kann man Tickets für alle Shows bestellen (*Tel. 1-818-753-3470 | www.tvtickets.com*). Tickets für Studiotouren bei www.studioaudiences.com und www.tvtix.com z. B. für:

NBC Television Studio & Tours [138 C2]: Die Tour (70 Min.) führt u. a. durch die Make-up- und Special-Effects-Abteilung und die Sound Stage, bevor es zu Studios von TV-Shows geht. *Eintritt $ 7 | Mo–Sa 9–15 Uhr | Tel. 1-818-840-35 37 | 3000 W. Alameda Ave., zw. Bob Hope Dr./W. Olive Ave. | Burbank*

Sony Pictures Studios [133 F3]: Auf dieser Tour (2 Std.) sehen Sie Filmkulissen aus der Vergangenheit („Wizard of Oz") und Gegenwart („Men in Black"). *Eintritt $ 20 | Mo–Fr 9–15 Uhr, Treffpunkt und Parken: Sony Pictures Plaza | 10202 W. Washington Blvd./Madison Ave. | Tel. 1-323-520-TOUR*

Warner Bros. Studios [138 C2]: Ein echtes Studio, in dem TV- und Filmshows produziert werden. Besucher können auf Führungen einen Blick hinter die Kulissen werfen. *Eintritt $ 45 | Mo–Fr 8.20–16 Uhr | Tel. 1-818-972-86 87 | 4301 W. Olive | Burbank | www.warnerbros.com/vipstudiotour/*

dige Tour | 4 Westmoreland Place, bei North Orange Grove | Pasadena | Tel. 1-626-793-33 34 | www.gamblehouse.org

GETTY CENTER ★ **[132 B1]**

Es gibt mindestens drei gute Gründe, warum man – abgesehen von der Kunst an sich – diesen eine Milliarde Dollar teuren Superkomplex in den Hügeln von Brentwood besuchen sollte: das von Richard Meier entworfene Anwesen selbst, ein weißer Traum aus Glas, Stein und Metall, die herrlichen Gärten von Landschaftsdesigner Robert Irwin, die zum Verweilen einladen, und der unvergleichliche Ausblick auf die Stadt und ihre Umgebung. An klaren Tagen sieht man die Skyline von Downtown L.A., die Santa Monica und San Gabriel Mountains, die Palos-Verdes-Halbinsel und Santa Catalina Island. Wer den Sonnenuntergang im Sommer genießen möchte, sollte donnerstags oder freitags kommen, wenn das Museum länger geöffnet hat. Hier hängen neben van Goghs „Irises", die das Museum für $ 53,9 Mio. kaufte, viele andere Gemälde europäischer Künstler, u. a. von Rubens, Monet und Rembrandt. Exquisite Möbel des 17./18. Jhs., antiker Schmuck, Porzellan, wunderschöne Bücher aus dem Mittelalter mit religiösen Motiven, zeitgenössische und historische Fotografie, Skulpturen. Es gibt wechselnde Ausstellungen und außerdem Aktivitäten wie Tanztheater, Multimedia-Aufführungen, Gartentouren und architektonische Führungen. Eine fünfminütige Fahrt, auf der man bereits die Aussicht genießen kann, bringt die Besucher hinauf zum Museum. *Di bis Do, So 10–18, Fr/Sa bis 21 Uhr | Eintritt frei, Parken $ 7; Metro Bus 761 hält am Haupteingang auf dem Sepulveda Blvd.; 1200 Getty Center Drive, am San Diego Freeway (I-405), zw. Brentwood/Bel-Air | www.getty.edu*

Insider Tipp

Die Getty Villa – ein herrschaftliches Anwesen mit Garten im römischen Stil

GETTY VILLA [138 A–B 3]
Gettys Sammlung von römischen, griechischen und etruskischen Antiquitäten, untergebracht in einer Römer-Villa auf einem Hügel über dem Pazifik. Jean Paul Getty ließ die originalgetreue Rekonstruktion der *Villa dei Papiri* im römischen Herculaneum, die 79 n. Chr. durch den Ausbruch des Versuv verschüttet wurde, 1974 errichten. Es war das erste Zuhause des Getty-Museums in Los Angeles, bevor das Getty Center errichtet wurde. Der Eintritt ist auch hier frei, allerdings müssen Tickets für die exakt gewünschte Besuchszeit im Voraus reserviert werden. Das geht entweder auf der Website oder telefonisch unter *1-310-440-7300. Do–Mo 10–17 Uhr, Mi/Do. geschl. | Eintritt frei, Parken $ 8 | 17985 Pacific Coast Highway | Pacific Palisades | www.getty.edu*

HUNTINGTON ARTS COLLECTION, LIBRARY AND BOTANICAL GARDENS [129 E2]
Das ehemalige Zuhause von Eisenbahnmillionär Henry E. Huntington, dem Gründer der Pacific Electric Railway Company. Das Anwesen auf dem ca. 84 ha großen Grundstück umfasst eine mit seltenen Werken bestückte Bibliothek (u.a. das Manuskript von Benjamin Franklins Autobiografie, eine Gutenberg-Bibel sowie Shakespeare-Erstausgaben) und ein ausgezeichnetes Museum mit Gemälden des 18. und 19. Jhs. und erlesenen Möbeln. Bemerkenswert die schönen botanischen Gärten mit Azaleen und Kamelien und der Rosengarten, in dem 1000 verschiedene Sorten blühen. Ein bizarres Vergnügen bieten die riesigen Kakteen- und dichten Dschungelgärten. Meditative Ruhe strahlt der Japanische *Zen Rock Garden* mit Koi Pond und Bonsais aus. Im *Rose Garden Room* wird englischer Tee serviert *(nur mit Reservierung | Tel. 1-626-683-81 31 | Tee mit Sandwichbüfett $ 25). Mo geschl. | Eintritt Garten und Museen $ 15–20 | Tel. 1-626-405 21 00 | 1151 Oxford Rd./Allan Ave. | San Marino | www.huntington.org*

Insider Tipp

LONG BEACH AQUARIUM OF THE PACIFIC [139 D6]
Im größten Aquarium der Welt kann man Seelöwen, Seehunde, weiße Haie und anderes Getier hautnah erleben. Babyhaie kann man sogar anfassen. *$ 20,25, Parken $ 7 | tgl. 9 bis 18 Uhr | 100 Aquarium Drive, südlich vom West Shoreline Drive, Long Beach | www.aquariumofpacific.org*

MALIBU [138 A3]
Wochenend-Spielwiese für die Reichen und Berühmten, atemberaubend schöne Strände und Surferparadies. Erkunden Sie Malibu mit einer Spritztour über den Pacific Coast Highway in Richtung Norden; für das perfekte California Feeling mieten Sie dazu am besten ein Cabriolet.

Das *Crosscreek Einkaufszentrum (Pacific Coast Hwy./Cross Creek Road),* Malibus urige Mall im Stil einer Ranch ist der perfekte Ort, um Stars ganz privat zu sehen. Nicht selten beaufsichtigen Pamela Anderson & Co. ihre Kinder persönlich, wenn sie auf dem Spielplatz im Zentrum der Mall herumtoben. Oder sie holen sich morgens ganz leger in Yogahosen und Lammfellstiefeln, dem typi-

Insider Tipp

schen Malibu-Look, ihre Koffeinspritze in einem der Coffee Shops.

Am *Surfrider Beach (23 000 Block des Pacific Coast Hwy.)* beim Malibu Pier surfen die Profis, wie Christian Slater und *big wave*-Legende Laird Hamilton – spannend zum Zuschauen; für Anfänger sind die Wellen zu überfüllt und hart umkämpft. Aktuelle Ansagen zu Strömung und Wetter können unter der *Tel. 1-310-457-9701* abgerufen werden. *Paradise Cove,* ein Privatstrand mit herrlichem Blick auf die Felsklippen im nördlichen Malibu, diente schon als Kulisse für zahlreiche Filme wie „Charlie's Angels" und „Lethal Weapons 4" sowie für TV-Serien wie „Baywatch". Parken kostet $ 15, dafür gibt's aber Umkleidekabinen und Duschen. Die Wände des urigen *Paradise Cove Beach Café* sind mit Fotos aus den Anfängen Malibus dekoriert, als dort noch keine Millionenvillen, sondern Pferderanchen standen. Hier gibt's auch die einzige richtige Strandbar im gesamten L.A. County: im Sand werden Cocktails serviert *(28128 Pacific Coast Hwy. | www.paradisecovemalibu.com)*. Auf dem PCH Richtung Norden, kurz vor der L. A. County Grenze, erreichen Sie *Leo Carrillo State Beach.* Hier ragen schöne Felsen aus dem Wasser und brechen die Wellen für perfektes Surfvergnügen. Der Campingplatz im angeschlossenen Canyon, mit Plätzen unter Sycamore Bäumen, ist ein tolles Naturerlebnis. Plätze müssen allerdings Monate im Voraus reserviert werden *(35000 Pacific Coast Hwy. | http://www.reserveamerica.com | Tel. 1-800-444-7275 | $ 25 pro Nacht)*.

MANHATTAN BEACH **[138 B4–5]**

Einer der schönsten Strände Südkaliforniens liegt südwestlich von Downtown. Die Volleyball Courts haben etliche Olympioniken hervorgebracht.

MARINA DEL REY **[132–133 C–D6]**

Zwischen Venice und dem Flughafen LAX liegt der größte, 1962 künstlich angelegte Yachthafen Amerikas, um den sich teure Apartmenthäuser reihen. Im *Fisherman's Village (13763 Fiji Way)* kann man an den Anlegern Boote besteigen. Im Angebot sind Hafenrundfahrten *(Di–So 10–17 Uhr stündlich | $ 10)* und Cocktail Cruises zum Sonnenuntergang *(www.hornblowercruises.com)* sowie Tagesausflüge auf dem Hochgeschwindigkeitskatamaran zur Insel *Catalina Island ($ 72 | www.crownpacificcruises.com). Marina Boat Rentals (Tel. 1-310-574-2822)* vermietet Jetskis, Kajaks, Motor-, Segel- und Tretboote. Die *Cheesecake Factory* Insider Tipp *(4142 Via Marina)* ist berühmt für das ausgiebige Menü (mehr als 200 Gerichte) und Riesenportionen. Von der Sonnenterrasse hat man eine tolle Aussicht auf den Hafen. *www.visitmarina.com*

NORTON SIMON MUSEUM **[139 D2]**

Multimillionär Norton Simon rettete 1974 das von der Schließung bedrohte Pasadena Art Institute und stattete es mit seiner eigenen Kunstsammlung aus. Heute ist sein Museum eines der wichtigsten Kunstmuseen Kaliforniens. Berühmt ist es für die komplette Serie der Bronzeskulpturen von Edgar Degas. Insider Tipp Außerdem sind Werke von Rembrandt,

Goya, Hals, Manet, Monet, Cézanne, Rousseau, Renoir, van Gogh, Picasso, Toulouse-Lautrec, Matisse u.a. sowie Gemälde aus der Renaissance, dem Barock und Rokoko, des weiteren kostbare Skulpturen aus Indien und Südostasien zu sehen. Neu sind das hübsche Teehaus und der Skulpturengarten. *Mi–Mo 12–18, Fr bis 21 Uhr | $ 8 | 411 W. Colorado Blvd./ Orange Grove in Pasadena, an der Freeway-Kreuzung I-210 (Foothill) und I-134 (Ventura) | www.nortonsimon.org*

PALOS VERDES **[138 B–C 5–6]**
Der südlichste Zipfel der Bucht von Santa Monica ist ideal zum Beobachten von Grauwalen, die von Dezember bis März/April auf ihrem fast 10000 km langen Weg nach Alaska an der Küste vorbeiziehen.

PASADENA **[139 D–E2]**
Historisches Viertel am Fuß der San Gabriel Mountains, 16 km nordöstlich von Downtown, mit wunderschön restaurierten Wohnhäusern im Craftsman-Stil, der typischen kalifornischen Architektur des frühen 20. Jhs. Im Zentrum kann man gemütlich flanieren, essen und shoppen. *Old Town Pasadena | zw. Pasadena Ave., Walnut and Arroyo Pwy./Del Mar*

PET HAVEN **[138 C4]**
Über 30000 verwöhnte Vierbeiner und ein Goldfisch haben hier ihre ewigen Jagdgründe gefunden, begraben unter Steinplatten mit ihren Fotos drauf oder unter riesigen Bronze- und Steinskulpturen, die sie zu Lebzeiten sicher angebellt oder angefaucht hätten. *18300 S. Figueroa St. | Gardena*

Stilisierte Fischerhäuser säumen die Kaianlagen der Marina del Rey

QUEEN MARY **[139 D6]**
Die 1934 vom Stapel gelaufene „Queen Mary“ war das schnellste und größte Luxusschiff der Nordatlantikroute ihrer Zeit. Nach 1001 Atlantiküberquerungen liegt sie seit 1967 in Long Beach Harbor vor Anker und ist heute Hotel und Museum. Erfreuen Sie sich an der luxuriösen Art-déco-Einrichtung, nehmen Sie das Ruder auf der Brücke in die Hand, und werfen Sie einen Blick in die Mannschaftskabinen und den Maschinenraum. Im Sommer findet abends Feuerwerk statt. *Eintritt ab $ 25 | tgl. 10–18 Uhr | Führungen $ 7 extra.* Nebenan ist ein russisches U-Boot, die „Scorpion“, eins der heißesten Überbleibsel aus dem Kalten Krieg, vertäut (separates Ticket). *1 Pier J | 1126 Queens Hwy. | Fwy. I-710 South nach Long Beach, gegenüber dem Aquarium | www.queenmary.com*

Insider Tipp

SELF-REALIZATION FELLOWSHIP LAKE SHRINE **[138 A3]**
Insider Tipp
Kurz bevor der Sunset Boulevard am Meer endet, auf der linken Seite, angelegt von einer weltweiten Organisation, die Meditation und Toleranz pflegt. Mit einem künstlichen See, auf dem Schwäne schwimmen und in dem die dicksten Karpfen leben, haben die Mönche dieses Schreins eine Oase der Ruhe geschaffen. In einem Marmorsarg befindet sich ein Teil der Asche von Mahatma Gandhi, der Rest wurde in Indien verstreut. *Eintritt frei | Di–Sa 9–16.30, So 12.30*

Spezialeffekte und Action Shows bekommen die Besucher der Universal Studios geboten

bis 16.30 Uhr, Fei und mitunter Sa geschl. | 17190 Sunset Blvd.

SILVER LAKE ▸▸ **[136 B1–2]**

Trendiges, an Hollywood und Los Felíz grenzendes Viertel, bevölkert von Yuppies, Musikern und Filmemachern. Entlang des Sunset Boulevard findet man Boutiquen mit Ausgefallenem, Restaurants, Nightclubs und Bars *(Vermont Ave. und Sunset Blvd.)*. In den Hügeln stehen zahlreiche Beispiele von *modernist aesthetic architecture,* der Avantgardearchitektur der 1920er- und 30er-Jahre, u.a. von Frank Lloyd Wright *(Taggart House | 5423 Black Oak Dr.),* R.M. Schindler *(Walker House | 2100 Kenilworth Ave.),* John Lautner *(Lautner House | 2007 Micheltorena St.)* und Richard Neutra *(Treweek House | 2250 E. Silverlake Blvd.).* Die meisten Häuser sind in Privatbesitz und können nur von außen angeschaut werden.

UNIVERSAL STUDIOS ★ **[138 C2]**

Hier, im größten Filmstudio der Welt und dem Zuhause von „E.T.“, locken und schocken überall Spezialeffekte. Sie erleben, wie Filme gemacht werden, entdecken die Geheimnisse von „Spider Man“, „Jurassic Park“, „Shrek“ u.a. Bringen Sie ein Handtuch oder ein zweites Hemd mit! Abenteuer wie ein Lawinenunglück, Erdbeben, Attacken von Außerirdischen und des weißen Hais erlebt man auf einer Bahnfahrt. Neu seit 2008: *The Simpsons Ride* nach der gleichnamigen TV-Serie. Vor dem Eingang liegt *Universal City Walk*, eine Fußgängerzone mit Restaurants, Nachtclubs, Läden und Kinos. *Tel. 1-800-864-8377 | Universal City Plaza | 100 Universal Center Dr., nördlich vom Hollywood Fwy. I-101 | Universal City | www..universalstudioshollywood.com*

WESTWOOD MEMORIAL PARK **[133 D2]**

Umgeben von Hochhäusern auf einem Stück Land, das zu den teuersten der ganzen Stadt gehört, liegt Marilyn Monroe begraben. Zu ihren berühmten Nachbarn gehören u. a. Natalie Wood, Truman Capote, Donna Reed und John Cassavetes. *1218 Glendon Ave., zw. Wellworth Ave./Wilshire Blvd. | Westwood*

>LOW BUDGET

- Mit nur $ 5 für Erwachsene bzw. $ 1 für Kinder ist die *Beverly Hills Trolley Tour* **[134 A4]** ein Schnäppchen. In einem umgebauten Straßenwagen auf Busfahrgestell geht's 40 Minuten über Rodeo Drive und Sunset Boulevard in die Wohngebiete, wo der Fahrer die Häuser von Hollywoodstars zeigt. *Dayton Way/Rodeo Drive | Fahrplan: Tel. 310-285-2438*
- Auf dem Blog *http://lafreebie.blogspot.com/* findet man aktuelle Hinweise zu allem, was in Los Angeles gerade umsonst ist, darunter zahlreiche Kulturveranstaltungen.
- Vor dem Besuch des *Santa Monica Pier* **[130 B6]** online Pässe für Riesenrad und Achterbahnfahrten kaufen und eine Menge Geld sparen: für unbeschränkte Fahrten zahlen Kinder $ 8.95, Erwachsene $ 16.95. Diese Preisnachlässe gibt's nur auf der Webpage: *www.pacpark.com*

> KULINARISCHE WELTREISE

Vor allem asiatische und lateinamerikanische Einflüsse sorgen für ein breit gefächertes kulinarisches Angebot – man muss nur wissen, wo

> Mit dem Autoboom kamen die *Drive-in-* und *Drive-through*-Restaurants, die sich besonders bei Teenagern großer Beliebtheit erfreuten. Noch heute können Sie mit dem Auto an die Schalter dieser Fastfoodrestaurants fahren, Ihre Bestellung aufgeben und den Hamburger im Auto essen.

Im Land der Hamburger gibt es aber auch viele erstklassige Restaurants, die genausogut in Paris, Mailand oder Tokio liegen könnten. Wenn Sie sich so ein Vergnügen erlauben wollen, aber eigentlich nicht leisten können, kommen Sie mittags zum Lunch, das meist preiswerter ist, oder essen Sie nur ein paar Vorspeisen. Sie können die Atmosphäre auch vom Barhocker aus genießen, denn viele Restaurants haben eine eigene Bar.

Wer essen geht, bekommt gleich ein Glas Eiswasser und ein Körbchen mit Brot auf den Tisch gestellt, und von der Bestellung bis zur Rechnung geht weiter alles im Eiltempo. Nie-

Bild: Hummer auf Reis

ESSEN & TRINKEN

mand nimmt sich Zeit für ein gemütliches Mahl, dafür gibt es zu viel zu tun. Am Tag wartet der Job, abends das Kino oder Theater. Kein Wunder, dass die Hostess im voll besetzten Lokal den wartenden Gästen fast präzise sagen kann, wann der nächste Tisch frei wird. Lassen Sie sich also von langen Schlangen nicht irritieren, und vertreiben Sie sich die Wartezeit mit einem Aperitif an der Bar. Ein Tipp für die Speisekarte: Unter *Entrées* stehen die Hauptspeisen, Vorspeisen sind *Appetizer*. *Doggie bags* sind in allen Restaurants selbstverständlich. Sind die Portionen zu groß, was oft der Fall ist, wird der Rest auf Wunsch eingepackt.

Vergessen Sie im Restaurant das Trinkgeld nicht! Erwartet werden ca. 15 bis 20 Prozent der Rechnungssumme. Es ist nicht wie bei uns im Preis inbegriffen und bildet das Haupteinkommen der Kellnerinnen und Kellner, die nur einen geringen Basislohn erhalten. Faustregel: Verdoppeln Sie die *tax*, die Steuer, auf der Rechnung, und addieren Sie diesen Betrag. Achtung: Manche Restaurants addieren den Tip für Touristen automatisch – deshalb sollten Sie

Hier geht's zu Mel's Drive-in

die Rechnung immer überprüfen, bevor Sie Trinkgeld geben!

1998 hat das Gesundheitsamt Coffee Shops, Diners, Restaurants, Bars etc. nach allgemeiner Sauberkeit der Räumlichkeiten, der Zubereitung der Speisen, deren Aufbewahrung und Lagerungstemperaturen überprüft und Zeugnisse ausgegeben, die am Eingang aushängen. Ein A ist das beste Ergebnis, B ist immer noch gut, bei C sollte man überlegen und um D einen Bogen machen.

Als *California Cuisine* wird alles bezeichnet, was gerade „in" ist. Einen großen Einfluss hat die asiatische Küche, die *Pacific Rim Cuisine* (vor allem aus Japan), die in abgewandelter Form auch beim Italiener und Franzosen auf der Speisekarte zu finden ist und dann *Fusion Cuisine* genannt wird. Einer der Erfinder der *Fusion Cuisine* ist der Prominentenkoch Wolfgang Puck aus Österreich, der sie zuerst in seinem Restaurant *Chinois on Main* servierte. Unter *Southern Cuisine* oder *Soulfood* („Essen für die Seele") versteht man das scharfe, fette Essen aus den Südstaaten: z.B. Maisbrot, *BBQ (Barbecue) Ribs*, Eintöpfe mit Fisch und Garnelen, panierte Zwiebelringe. *Southwestern* (vor allem aus New Mexico) hat dagegen indianische Ursprünge: wilder Reis, Maiskolben, Bohneneintopf. Das übrige Angebot beruht auf den Essgewohnheiten der jeweiligen ethnischen Gruppen, die in L.A. leben. In den Gerichten von Köchen aus allen Erdteilen, die sich hier niedergelassen haben, findet sich meist die Erinnerung an das Originalrezept mit den Geschmacksvorlieben der Angelenos vereint – gewürzt mit einer Prise Phantasie. Die meisten Restaurants in L.A. haben sieben Tage die Woche geöffnet; wenn es einen Ruhetag gibt, ist dies bei den Adressen vermerkt.

AFRIKANISCH

CHAMEAU **[134 C3]**

Hippes marokkanisches Restaurant. Bunt beleuchteter, moderner Speisesaal wie aus einem Austin-Powers-

Streifen. Feine nordafrikanische Speisen mit französischem Einfluss: Fleischspieße, Lammbraten, Fisch und Couscous. *So/Mo geschl. | 339 N. Fairfax Ave. | Los Angeles* | €€

MEALS BY GENET [134 C4]
Äthiopische Kunst an den Wänden und leckere Fleischgerichte wie *kitfo* (Rindfleisch mit Gewürzbutter) sowie tolle Salatkombinationen auf dem Teller. *Mo/Di geschl. | Tel. 1-323-938-93 04 | 1053 S. Fairfax Ave. (südl. vom Olympic Blvd.) | Los Angeles | www.mealsbygenet.com* | €€

AMERIKANISCH

CANTER'S [134 C3]
Seit 1928 werden hier neben allen üblichen Deli-Spezialitäten Brotsorten aus der Alten Welt sowie Kekse, Kuchen und Torten aus der eigenen Bäckerei geboten. Jeden Abend Livemusik. *Tgl. 24 Std. | Tel. 1-323-651-20 30 | 419 Fairfax, zw. Oakwood/ Rosewood Ave. | Mid-Wilshire* | €

CHEESECAKE FACTORY [132 B2]
Hat mehr zu bieten als seine berühmten Käsekuchen. Familienrestaurant mit Riesenportionen. Am besten, man teilt sich ein Hauptgericht und ein Dessert zu zweit oder nimmt die Reste im *doggie bag* mit. Zum Dinner reservieren! *Tel. 1-310-826-71 11 | 11647 San Vicente Blvd. zw. Barrington/Darlington Ave. | Brentwood | weitere Filialen: www.cheesecakefactory.com* | €€

MEL'S DRIVE-IN ★ [134 B2]
Hier erfährt man, wo und wie die Einheimischen essen und aßen, allerdings kein Drive-in mehr. Burger in diversen Variationen, Salate, Großmutters Aufläufe und Kuchen, Sandwiches, Hotdogs, Wein und Bier. Aus dem *soda fountain* sprudeln *yoghurt shakes* und *smoothies*. *Banana split* ist ein Muss. Jukebox am Tisch. *Tgl. rund um die Uhr geöffnet | 8585 Sunset Blvd. zw. Londonderry Pl./Sunset Pl. Dr. | West Hollywood | www.Melsdrive-in.com* | €

PHILIPPE THE ORIGINAL [129 F2] Insider Tipp
Seit 1908 ist das Restaurant in Familienbesitz. Sägespäne auf dem Fußboden, lange Holztische. Hier wurde das *french dip sandwich* mit Rind-,

MARCO POLO HIGHLIGHTS

★ Crustacean
Vietnamesisches Essen im Bambusgarten (Seite 63)

★ El Cholo
Margaritas auf der Hacienda (Seite 68)

★ The Ivy
Beliebt bei Promis, vorzügliches people watching (Seite 64)

★ Mel's Drive-in
American Feeling mit Juke Box (Seite 61)

★ Typhoon
Knusprige Ameisen, Skorpione und Würmer (Seite 66)

★ Pacific Dining Car
Gute T-Bone-Steaks zu jeder Tageszeit (Seite 69)

Schweine-, Lammfleisch oder Truthahn auf einer knusprigen Semmel kreiert. Kartoffelsalat, große Auswahl an Torten und Wein. Eine Tasse Kaffee kostet 9 Cent. Keine Kreditkarten. *1001 N. Alameda St./Ord St. nahe Union Station | Downtown | €*

PINK'S HOT DOGS ▶▶ [134 C3]
Jeder, ob Moviestar oder Otto Normalverbraucher, kommt seit 1939 her, um seinen Heißhunger auf Hamburger und Hotdogs zu stillen. *Keine Kreditkarten | 709 N. La Brea/Melrose Ave. | Hollywood | €*

ASIATISCH

BUDDHA'S BELLY [130 B6]
Good Vibrations: Gesunde und erschwingliche pan-asiatische Küche im nach Feng-Shui-Prinzipien eingerichteten Speisesaal. Süße Chiligar-

> GOURMETTEMPEL

Kulinarische Experimente, perfekte Bedienung

CUT [134 A4]
Wolfgang Pucks jüngster Schlemmertempel in L.A. Nicht nur die Fleischgerichte, auch das Dekor ist vom Feinsten: Das hippe, moderne Steakhouse im Beverly Wilshire Hotel wurde von Richard Meier, Architekt des Getty Centers, entworfen. *Steaks $ 60–200 | Tel. 1-310-276-85 00 | Beverly Wilshire Hotel | 9500 Wilshire Blvd. | Beverly Hills*

BASTIDE [134 B3]
Die Inneneinrichtung der Pariser Innenarchitektin Andrée Putman ist betont schlicht und elegant. Das Menü ist provençalisch angehaucht und bietet von Lammbraten und Melonencannelloni bis zu Sevruga-Kaviar und Foie Gras alles, was der Feinschmecker liebt. *6-Gänge-Menü ab $ 60 | Sa/So geschl. | Tel. 1-323-651-59 50 | 8475 Melrose Place/ La Cienega Blvd. | L.A.*

GINZA SUSHIKO [133 F1]
Die Menüs sind unvergesslich – kulinarisch und preislich. Dinner $ 250. Im Winter wird für $ 300 *blowfish* (Kugelfisch) serviert, der für seine angeblich aphrodisierende Wirkung bekannt ist. *Nur Dinner | So/Mo geschl. | Two Rodeo | Tel. 1-310-247-89 39 | 218 N. Rodeo Dr./Wilshire Blvd. | 1. Stock des Einkaufszentrums | Beverly Hills*

KOI [134 B3]
Traumhafter Speisesaal und Terrassen, entworfen von dem deutschen Designer Thomas Schoos: Zen-inspiriertes, elegantes Ambiente mit Buddhas, Bambus, Orchideen und Kerzenschein. Kreatives Fusion-Menü, traditionelle japanische Gerichte mit frischem kalifornischem Einfluss, exquisite Sushibar. *Gerichte $ 4–48 | Tel. 1-310-659-94 49 | 730 N. La Cienega Blvd. | L.A.*

VALENTINO [132 C3]
Gilt als der Italiener mit der besten Weinkarte außerhalb Europas. 130 000 Flaschen sollen im Keller lagern. Leichte, moderne Küche, täglich wechselnde Angebote. *5-Gänge-Menü ab $ 65 | So geschl. | Tel. 1-310-829-43 13 | 3115 Pico Blvd., zw. 31./32. St. | Santa Monica | www.valentinorestaurant.com*

nelen, gebackener Kabeljau, Filet Mignon mit Sesamkruste oder Tofusteak mit Seealgen und Sake. Da will man nicht nur den Bauch des Buddha reiben. *Tel. 1-310-458-25 00 | 205 Broadway | Santa Monica* | €

CRUSTACEAN ★ **[133 F1]**
Nachbildung des alten Familiensitzes der Betreiber in Vietnam von 1930, mit Bambusgarten, Veranda und Pianobar. Unter dem Glasboden fließt ein Bach mit Koi-Fischen. Das köstliche Essen kommt aus der Geheimküche, zu der nur Familienmitglieder Zugang haben. Knoblauchnudeln, mit Garnelen gefüllte Reispapierrollen. Mittwochs Livejazz. *Tel. 1-310-205-89 90 | 9646 Little Santa Monica Blvd./N. Bedford Dr. | Beverly Hills | www.anfamily.com* | €€€

EMPRESS PAVILION **[136–137 C–D4]**
Insider Tipp
Hier gibt's das beste Dim Sum außerhalb von Hongkong. Riesenrestaurant im 2. Stock mit 175 Speisen auf der Karte; gute kantonesische Küche, aber meist lange Wartezeiten. *Dim Sum tgl. 9–14.30, Lunch und Dinner bis 22 Uhr | Bamboo Plaza, 988 N. Hill St./Bernard St. | Downtown* | €€

FRYING FISH **[129 E4]**
Japanisches Seafood und Sushi kommen auf einem Laufband vorbei, und man nimmt sich, worauf man Appetit hat. Abgerechnet wird nach Anzahl und Farbe der Schüsselchen. *120 Japanese Village Plaza | 350 E. First St. | Little Tokyo* | €

NAWAB OF INDIA **[132 B4]**
Indische Küche, gesund und sehr schmackhaft. Die besten *tandooris* der Westside. *Tel. 1-310-829-11 06 | 1621 Wilshire Blvd., zw. 16th/17th St. | Santa Monica* | €–€€

Preiswert und lecker: Buddha's Belly

TOMMY TANG'S **[134 C3]**
Thai für Trendsetter, dienstags kommen die Kellner als *drag queens* (Männer in Frauenkleidern). *Thai toast, Malaysian clams* (Muscheln); zum Dinner reservieren! *Tel. 1-323-937-57 81 | 7313 Melrose Ave., zw. Fairfax/La Brea Ave. | Hollywood | www.tommytangs.com* | €–€€

AUSSICHTSRESTAURANTS

GLADSTONE'S 4 FISH **[138 A3]**
Gute-Laune-Lokal am Strand. Aus Fässern kann man sich die Taschen

mit Erdnüssen voll stopfen und damit die Möwen füttern. Innen nach einem Fensterplatz fragen. Tagsüber sieht man oft Delphine, nachts werden die krachenden Wellen angestrahlt. Warmes Sauerteigbrot, Riesenportionen Fisch, Steak, BBQ Ribs, umfangreich bestückte Bar und interessante Mixgetränke. Der berühmte Schokoladenkuchen *Mile high* macht locker sechs Personen satt. *Tel. 1-310-454-34 74 | 17300 W. Pacific Coast Hwy./ Sunset Blvd. | Pacific Palisades | www.gladstones.com* | €

Insider Tipp

Insider Tipp

THE IVY ★ ▸▸ **[134 B3]**

Ein Tisch auf der Terrasse, dekoriert wie ein englisches Gartencafé, ist

> SPEZIALITÄTEN

Genießen Sie die typisch kalifornische Küche!

Caesar's Salad – Römischer Salat mit Mayonnaisedressing, Kapern, Anchovis, geriebenem Parmesan

California Roll – In Seetang gewickelter Reis mit Fisch, Rogen, Gurken, Garnelen, Avocado

Carrot Cake – Kuchen mit geriebenen Karotten, Ananasstücken, Nüssen, Vanillecreme

Chicken Mole – Hühnchenbrust mit Gemüse, Reis und scharfer Schokosoße

Chicken Salad – Klein geraspelter Eisbergsalat und Weißkohl, Sesam, Sojasoße, frische Erbsenschoten, Sellerie, Karotten, Zwiebel, Knoblauch, Hühnerfleisch

Crab Cakes – Knusprig gebratenes Krabbenfleisch mit Knoblauch, Gemüse, Sahne, Chili, Dill, Petersilie, Schnittlauch, Zwiebel, Paprika

Frappuccini – Eiskaffee mit Milch. Varianten: Mocca-, Vanille-, Haselnuss-, Karamelgeschmack

Huevos Rancheros – Omelette mit Käse, Salsa (scharfe Chilisoße), Chilischoten, Avocado, schwarzen Bohnen, Sour cream auf warmen Tortillas

Mixed Vegetable Burritos – Tortillarollen (aus Maismehl) gefüllt mit Zucchini, Paprika, Auberginen, Käse, Reis, schwarzen Bohnen, Eisbergsalat, Salsa

Seared Ahi Tuna – in Sesam und Pfeffer gewendetes, kurz angebratenes Thunfischsteak, wird in Scheiben geschnitten zu Salat serviert

Tacos – knusprige Tortillaschiffchen gefüllt mit Salat, Salsa, Avocado, Crème fraîche, Hühner- oder Rindfleisch (Foto)

Tamales – In Bananenblätter eingewickeltes Maismehl mit Huhn, Schwein oder Rind, verschiedenem Gemüse und Käse – scharf und süß gewürzt

Veggie Burger – Gebratenes Gemüsesteak mit Soja/Tofu mit Tomaten, Salat, Käse, Zwiebelringen, Senf und Mayonnaise auf Brötchen

Ein Garant für gute Live-acts ist das House of Blues

wie ein Platz in der Loge. Das Programm: *Only in L.A.* – Promis fahren vor, Paparazzi rennen, Sicherheitsleute schreien. Zur Lunchzeit ist am meisten los. Genießen Sie ein Glas Champagner mit Himbeeren, sowie *meatloaf* und *crab cakes* in berühmter Gesellschaft. *Tel. 1-310-274-83 03 | 113 N. Robertson Blvd. | Beverly Hills* | €€

YAMASHIRO **[130 A1]**

Einer der besten Japaner. Das Gebäude ist einem Palast in Kyoto nachempfunden. Hoch oben in den Hollywood Hills, umgeben von einem Garten mit Skulpturen, ist eine tolle Aussicht garantiert. Hervorragendes Sushi und Gegrilltes. *Tel. 1-323-466-51 25 | 1999 N. Sycamore Ave. | nördl. von Franklin Ave. | www.yamashirorestaurant.com* | €€€

BREAKFAST & BRUNCH

THE GRIDDLE CAFÉ **[134 C2]**

Chili mit Schokochips, Erdnussbuttersandwich mit Erdbeermarmelade und Banane in Schokolade, über 20 Pfannkuchensorten und andere leckere Überraschungen. Große Portionen und lange Schlangen! Hier frühstückt Drew Barrymore. *Tgl. 7–15 Uhr | 7916 Sunset Blvd./Fairfax Ave. | West Hollywood* | €

HOUSE OF BLUES **[134 B2]**

Insider Tipp

Berühmt für den *Sunday Gospelbrunch* und *Southern Food* bzw. *Cajun Cooking*, d. h. scharf, fett und zum Fingerablecken gut. Die Musikdarbietungen sind mitreißend. Der Club gehört der Harvard University, Jim Belushi, Aerosmith und Dan Aykroyd. *Vorstellungen 10 und 13 Uhr | ab $ 33 | Tel. 1-323-848-51 00 | 8430 Sunset Blvd., ein Block östl. von La Cienega Blvd. | West Hollywood | www.hob.com* | €€

THREE SQUARES BAKERY AND CAFÉ **[131 F5]**

Einladendes Straßencafé. Der deutsche Hans Röckenwagner serviert Apfel-Pfannkuchen, verschiedene Eierspeisen und frisches Gebäck. *1121 Abbot Kinney Blvd. | Venice* | €

THE WAFFLE [131 E3]

Der amerikanische Frühstücksklassiker schlechthin wird hier rund um die Uhr serviert, am Wochenende sogar bis 4 Uhr nachts. Die frischen Waffeln werden in elf ungewöhnlichen Variationen angeboten, z. B. mit Schokolade, Karotten oder Bacon. *6255 Sunset Blvd./Vine St. | Hollywood | €*

>LOW BUDGET

- Im *Farmers Market* [134 C3] gibt es zahlreiche Essensstände; für jeden Geschmack ist etwas dabei, und die Preise sind sehr günstig. *Ecke 3rd St./Fairfax Ave.*
- Früh zum Dinner gehen und Geld sparen: Viele Restaurant-Bars haben Happy Hours, zu denen auch sehr günstige Speisen serviert werden, oft als Miniportionen ab $ 2–5; meist 17–19 Uhr.
- Eine Institution in Hollywood: Im *Roscoe's House of Chicken ‚n' Waffles* [135 F3] in Hollywood werden Rezepte aus den Südstaaten in den abenteuerlichsten Kombinationen serviert. Die Portionen sind groß, die Preise günstig, die Atmosphäre freundlich. *1514 N. Gower St./Sunset Blvd. | Tel. 1-323-466-7453*
- Gourmetküche zum Sparpreis: Im eleganten *Joe's* [131 E5] in Venice kochen einige der besten Köche der Stadt hervorragende California French Cuisine. Zum Lunch ein Schnäppchen: für nur $ 17 tägliches wechselndes Dreigängemenü. *Lunch Di–Fr 12–14.30 Uhr, am Wochenende Brunch | 1023 Abbot Kinney Blvd. | Tel. 2-310-399-5811*

CALIFORNIA, FUSION, PACIFIC RIM CUISINE

CAFÉ PINOT [128 C4]

In Downtown unter alten Olivenbäumen im Garten der Central Library essen, nachts mit Blick auf funkelnde Großstadtlichter. Fisch, Pasta, Lachs-Auberginen-Lasagne, freitags Spanferkel mit Kruste. *Tel. 1-213-239-6500 | 700 W. Fifth St. zw. Grand/Flower St. | www.patinagroup.com | €€*

CAMPANILE [134–135 C–D4]

Das Haus gehörte Charlie Chaplin, und vieles in dem Spanish-Style-Gebäude ist unverändert geblieben. Auf der Speisekarte gegrillter Fisch, Hummerrisotto, frittierte Zucchiniblüten mit Mozzarella und erstklassiges selbst gebackenes Brot aus der La Brea Bakery von nebenan, dazu gutes Olivenöl zum Dippen. Empfehlenswertes Frühstück! *Sa/So Brunch, So kein Dinner | Tel. 1-323-938-1447 | 624 S. La Brea Ave., zw. Wilshire Blvd./West Sixth St. | www.campanilerestaurant.com | €€€*

Insider Tipp

TRAXX [129 F3]

Fusion Dining im Art-déco-Bahnhofsrestaurant, auch zum Draußensitzen. In der offenen Küche werden Venusmuscheln in roter Thaisoße zubereitet, *crab cakes* und Lammkoteletts. Hervorragendes *pecan pie* (Nusskuchen) und wunderbarer *Blue Agave Tequila*. *So geschl., Sa kein Lunch | Tel. 1-213-625-1999 | 800 N. Alameda St./Union Station | Downtown | www.traxxrestaurant.com | €€*

Insider Tipp

TYPHOON [133 D4]

Berühmt für seine Insekten: knusprige taiwanesische Heuschrecken, mit Ameisen bestreute Fritten, gegrillte Skorpione und frittierte Seewürmer. Außerdem große Auswahl an Pacific Rim Cuisine. Tolle Aussicht auf den Santa Monica Airport und den Sonnenuntergang über dem Pazifik. *Tel. 1-310-390-65 65 | 3221 Donald Douglas Loop Road | Santa Monica* | €€

THE LITTLE DOOR ▶▶ [134 C3]
Das Restaurant ohne Schild (Eingang neben *El Carmen*) ist beliebt bei Promis. Auf der romantischen Terrasse werden mediterrane und spanische Gerichte serviert. Reservierung empfohlen. *Tel. 323–951–64 55 | 8164 W. Third Street/westl. von Fairfax Ave. | Los Angeles* | €€€

Für den kleinen Hunger sind die Essensstände von Farmers Market genau richtig

MEDITERRAN

C & O TRATTORIA [132 C6]
Singende Kellner, frisches Knoblauchbrot und Riesenportionen. Der Hauswein kommt flaschenweise zur Selbstbedienung auf den Tisch. Es ist eigentlich immer gerammelt voll, deshalb müssen Sie sich auf Wartezeiten einstellen. *Tel. 1-310-823-94 91 | 31 Washington Blvd. | Marina Del Rey (am Venice Pier)* | €

MICELI'S [135 D2]
Die beste Pizza – seit über 50 Jahren. Nette Atmosphäre, Knoblauchduft, Chianti und singende Kellner. *Tel. 1-323-466-34 38 | 1646 N. Las Palmas Ave./Selma Ave. | Hollywood | www.micelisrestaurant.com* | €

PREGO [134 A3]
Toskanische Trattoria mitten in Beverly Hills. Es gibt knusprige Pizza

aus dem Holzofen, tolle hausgemachte Pasta, gegrillten Fisch u.a. *So kein Lunch | Tel. 1-310-277-73 46 | 362 N. Camden Dr., zw. Wilshire Blvd./Brighton Way* | €€

LATEINAMERIKANISCH

BESO ▶▶ **[131 E2]**

Das Restaurant von „Desperate Housewives"-Star Eva Longoria. *Beso* ist spanisch für Kuss. Sexy loftartiger Speiseraum mit riesigen Kristallglasleuchtern und schwarzem Leder. Auf der Karte lateinamerikanische Spezialitäten, Fisch, Steak und die Familienrezepte der Schauspielerin, z.B. „Eva's Famous Guacamole" (Avokadocreme). *Tel. 1-323-467-7991 | So geschl. | 6350 Hollywood Blvd./Ivar Ave. | Hollywood* | €€€

EL CHOLO ★ **[135 E5]**

Seit 1927 werden in der traditionsreichsten aller mexikanischen Cantinas im pinkfarbenen Adobebau nicht nur authentisches Essen im Hacienda Style, sondern auch die größten Margaritas der Stadt serviert. Beste *mole poblano* (Schokoladensoße) mit Huhn und *guacamole* (Avocadocreme). *Tel. 1-323-734-27 73 | 1121 S. Western Ave., zw. Olympic/Pico Blvd. | www.elcholo.com* | €

CIUDAD **[128 C4]**

Kulinarische Rundreise durch Lateinamerika: *papas criollas* (Kartoffelkroketten, gefüllt mit gekochtem Ochsenschwanz) aus Peru, das chilenische Nationalgericht *congrio* (Fischeintopf), argentinische *empanadas* (gefüllte Teigtaschen). *Tel. 1-213-486-5171 | 445 S. Figueroa/5th St. | Downtown | www.ciudad-la.com* | €€

VERSAILLES **[134 B4]**

Miami in L.A., auch wenn der Name eher auf Frankreich verweist: Spezialitäten aus Havanna mit schwarzen Bohnen und Reis *(moors and christians)*, ganzer gegrillter Fisch, Spanferkel in Knoblauch-Zitronen-Soße.

Der Spezialist für Meeresfrüchte in Santa Monica: The Lobster

Kein Ruhetag | 1415 S. La Cienega Blvd. | südl. von Pico Blvd. | €

ROMANTISCH

Insider Tipp

INN OF THE SEVENTH RAY [138 A3]

Am schönsten, wenn es dunkel wird: kleine Lichter in den Bäumen, Kerzen auf den Tischen, Cañongeräusche der Nacht, klassische Musik, Ente mit Mangopüree und vegetarische Festtafel, Wein aus Bioanbau, auf Wunsch sogar alkoholfrei. *Tel. 1-310-455-13 11 | 128 Old Topanga Rd./Topanga Canyon Rd. | Malibu | www.innoftheseventhray.com | €€*

SEAFOOD

THE LOBSTER [130 B6]

Fisch, Austern, Hummer, Krabben, Muscheln: gegrillt, gekocht, gedünstet, auch Steaks und Hühnchen. Die Aussicht ist traumhaft, Sonnenbrille nicht vergessen! Reservierung empfohlen. *Tel. 1-310-458-92 94 | 1602 Ocean Ave./Colorado Blvd. | Santa Monica | www.thelobster.com | €€*

STEAKHAUS

Insider Tipp

MUSSO & FRANK GRILL [130 C2]

In Hollywoods ältestem Restaurant speisten schon Charlie Chaplin und Ernest Hemingway. Eine Zeitreise ins Goldene Zeitalter; seit 1919 hat sich wenig verändert: Die Ober sind steif und korrekt, die Decke mit Eiche vertäfelt, die Sitzecken mit rotem Leder gepolstert, die Martinis trocken. Steaks, Hummer, Lamm. *Tel. 1-323-467-77 88 | So/Mo geschl. | 6667 Hollywood Blvd. | Hollywood | €€*

PACIFIC DINING CAR ★ [128 C4]

Wer nachts Appetit auf ein Steak bekommt, ist hier richtig. Das Restaurant besteht seit 1921 und serviert jeden Tag rund um die Uhr gute T-Bone-Steaks sowie herzhaftes Frühstück; zum Dinner reservieren! *Tel. 1-213-483-60 00 | 1310 W. 6th St./Witmer St. | Downtown | www.pacificdiningcar.com | €€*

Insider Tipp

VEGETARISCH

Insider Tipp

JULIANO'S RAW [130 B5]

Hier wird nichts gekocht, sondern mit rohen Zutaten kreiert. In-Restaurant für alle, die gesund und schön sein wollen. Die Gerichte sind optische Kunstwerke, oft mit essbaren Blüten garniert. Es gibt sogar Sushi mit Lachscreme, das aber ohne Fisch, weil hier alles nicht nur organisch und roh, sondern auch vegan ist. *Tel. 1-310-587-15 52 | 609 Broadway/6th St. | Santa Monica | www.rawrestaurant.com | €€*

REAL FOOD DAILY [130 A5]

Hundertprozentig vegetarisch! Hier kommt nichts auf den Teller, was Eltern hat. Selbst Milch, Käse und Eier sucht man vergebens. Phantasievolle Kreationen – gegrillt, gedünstet oder roh mit Gemüse, Tofu, Miso, Terriaki, Pesto, Salat, Früchten und leckeren Desserts. *Tel. 1-310-451-75 44 | 514 Santa Monica Blvd. | Santa Monica | www.realfooddaily.com | €*

URTH CAFÉ [134 A4]

Neben Salaten, Suppen und Sandwiches kreative Bioküche wie Gemüselasagne und Tofusushi. Köstliche Kuchen. Beliebt bei gesundheitsbewussten Hollywoodstars wie Cameron Diaz und Kirsten Dunst. *Tel. 1-310-205-93 11 | 767 S. Beverly Dr. | Beverly Hills | €*

> PARADIES FÜR SHOPPER

In den Kathedralen des Konsums ist das ganze Jahr über Ausverkauf

> In L. A. gibt es nichts, was es nicht gibt. Aber das ist noch nicht alles, hier herrscht auch rund ums Jahr Ausverkauf *(sale)*. Die herabgesetzten Artikel befinden sich meist auf den hinteren Ständern. An Feiertagen, wenn bei uns alle Läden geschlossen sind, werden hier besonders viele extrem günstige Sonderangebote angepriesen.

Wo man was bekommt, steht in großen Anzeigen in der „L.A. Times". Wer Zeit und Ausdauer hat, kann sich durch die Stände und Tische der Niedrigpreisläden wie *Loehmann's (www.loehmanns.com)* und *Ross Dress for Less (www.rossstores.com)* wühlen, die über die ganze Stadt verteilt sind. Die Adresse des für Sie nächsten Ladens erfahren Sie bei der Auskunft *(Tel. 411)*. Hier gibt's Designermode zum Discountpreis. Nicht immer die allerletzte Kollektion, doch immer gut für Klassiker wie Poloshirts oder Jeans.

Bild: Beverly Hills, Wilshire Boulevard/Rodeo Drive

EIN KAUFEN

Los Angeles ist das Shopping-Mall-Paradies. Aber Sie müssen nicht jede Einzelne abklappern. Im Großen und Ganzen gibt es, mit kleinen Abweichungen, überall die gleichen Kaufhäuser und Läden wie *Gap, Abercrombie & Fitch* und *Victoria's Secret* sowie Turnschuhboutiquen mit Nike oder Reebok. Wenn Sie einen Laden betreten und höflich nach Ihrem Befinden gefragt werden („How are you?"), antworten Sie am besten mit einem Lächeln oder mit „Thank you, fine." („Danke, gut.") Unerwünschte Hilfsbereitschaft können Sie mit „I'm just looking" („Ich schau' mich nur mal um.") höflich abblocken.

Das Parken ist in den Malls und den Parkhäusern in Beverly Hills und Santa Monica meist für zwei bis drei Stunden kostenlos. Lesen Sie die Schilder, die an der Einfahrt aushängen, damit es keine böse Überraschung gibt. Am besten kurz notieren, wo Sie parken, damit Sie bei der Rückkehr nicht lange suchen müssen. Die Malls haben wie alle anderen Geschäfte sie-

Third Street Promenade in Santa Monica

ben Tage die Woche geöffnet: 10–20 Uhr, an Wochenenden länger. Läden und Boutiquen auf der Straße machen gegen 18 Uhr dicht. Supermärkte und Drugstores sind meist rund um die Uhr geöffnet. Und fast überall gibt es Parkmöglichkeiten. Shoppen zum Einkaufspreis kann man in den *Outlet Stores*, die sich allerdings außerhalb der Stadt befinden.

Souvenirs wie Filmposter, Post- und Autogrammkarten, Schlüsselanhänger oder T-Shirts finden Sie auf dem *Hollywood Walk of Fame* auf dem Hollywood Boulevard zwischen Gower Street und La Brea Avenue in Hollywood [130–131 A– F2]. Sonnenbrillen, T-Shirts und mehr werden auf dem *Ocean Front Walk* zwischen Marine Street und Windward Avenue am Venice Beach [131 E–F6] zu Billigpreisen angeboten. Exotische Waren wie Seidenkimonos, Slipper, Fächer, grünen Tee, Ginseng und preiswerte Koffer und Taschen gibt es in *Chinatown* zwischen Broadway und Yale Street [129 F1], mexikanische Souvenirs, Silber und Lederwaren auf der *Olvera Street* zwischen Main und Los Angeles Street in Downtown [129 F3]. Im quirligen *Fashion District in Downtown*, zwischen 9th Street und Pico Boulevard sowie Maple und Los Angeles Street [136 B5], findet sich ein Durcheinander von mehr als 1000 kleinen Läden, die günstige Mode und Trends zu Dumpingpreisen anbieten. Die besten Einkaufsmöglichkeiten außerhalb der Malls: *Montana Avenue* zwischen 17th und 6th Street [132 A–B 3–4], *Main Street* zwischen Ocean Park Boulevard und Marine Street [131 D6] und *Third Street Promenade* zwischen Broadway und Wilshire Boulevard in Santa Monica [130 A–B6]; *Sunset Strip*, auch Sunset Plaza genannt, zwischen La Cienega und San Vicente Boulevard [134 B2], *Melrose Avenue* zwischen La Brea Avenue und Doheny Drive in West Los An-

Insider Tip

geles [134 B–C3]; das „goldene Dreieck" zwischen Wilshire und Santa Monica Boulevard und Crescent Drive in *Beverly Hills* [133 F1] und *San Vicente Boulevard* zwischen Barrington Avenue und dem Bundy Drive [132 B–C2].

Südkalifornien ist auch Geburtsort der New-Age-Bewegung. In vielen Läden, Cafés und Restaurants gibt es Abteilungen, die eine umfangreiche Produktauswahl wie Kerzen, Bücher, CDs, ätherische Öle, Räucherstäbchen etc. dazu anbieten.

Denken Sie daran, dass die Verkaufssteuer nicht im Preis inbegriffen ist. Überall werden 8,25 Prozent *sales tax* addiert.

ANTIQUITÄTEN

MEMORY LANE [134 B3]

Eine echte Fundgrube für Sammler: Schmuck, Cocktailshaker, Bakelitradios und Klamotten von Anno dazumal. *8387 Third St./Orlando Ave. | Los Angeles*

BÜCHER

BOOK SOUP ★ [134 B2]

Der berühmteste Literaturladen in L.A., hier finden auch Autorenlesungen statt. Riesenauswahl an Büchern zum Thema Showbiz, internationalen Zeitungen und Zeitschriften. *Tgl. 9–22 Uhr | 8818 Sunset Blvd., zw. Hollyway Dr./Larrabee St. | West Hollywood*

Insider Tipp

CINEMA COLLECTORS [130 C2]

Ausgezeichnete Kollektion von seltenen Filmpostern, -fotos und -büchern. *1507 Wilcox Ave./Sunset | Los Angeles*

HENNESSY & INGALLS [130 A6]

Amerikas größtes Fachgeschäft für Bücher und Zeitschriften zu Kunst und Architektur. Hier finden Sie z. B. Literatur über Richard Neutra, Rudolf Schindler, John Lautner, Gregory Ain, Cliff May, Pierre Koenig u. a., die Kalifornien mit ihren hervorragenden Bauwerken bestückt ha-

MARCO POLO HIGHLIGHTS

★ **Barneys New York**
Kaufhaus mit aktuellen Designerkollektionen (Seite 77)

★ **Book Soup**
Beliebter Literaturtempel und -treffpunkt (Seite 73)

★ **The Grove at Farmers Market**
Neues Einkaufsparadies ohne Autoverkehr (Seite 80)

★ **Ontario Mills**
Outlet-Paradies vor den Toren der Stadt: 200 Läden, Marken- und Designerwaren zu Tiefstpreisen (Seite 74)

★ **Fred Segal**
Hier shoppt Hollywood, hier werden Trends gemacht (Seite 76)

★ **American Rag Cie.**
Die Denim-Bar führt 70 angesagte Jeansmarken (Seite 77)

★ **Samy's Camera**
Hier kaufen die Profis, aber Amateure werden auch fachkundig bedient (Seite 74)

ben. *214 Wilshire Blvd. | Santa Monica | www.hennessyingalls.com*

ELEKTRONIK

Technische Spielereien wie Rasierspiegel, die nicht beschlagen, Frischluftfilter zum Umhängen, edlen Schnickschnack für Golfer und mehr gibt's bei *Sharper Image (www.sharperimage.com)*, *Hamacher & Schlemmer (www.hamacherschlemmer.com)* und *Brookstone (www.brookstone.com)*, Ladenketten, die in vielen Shopping Malls zu finden sind. In den USA gibt es eine andere Netzspannung; fragen Sie deshalb, ob sich das Gerät umstellen lässt.

APPLE STORE

Der komplette Apple-Lifestyle. Mehrere Läden, u.a. *1248 Third Street Promenade | Santa Monica* [132 A6], außerdem in den Malls *The Grove* [134 C3] und *Beverly Center* [134 B3].

FRY'S ELECTRONICS [138 C4]

Der Elektronik-Superstore in Flughafennähe lockt immer mit Sonderangeboten. *3600 Sepulveda Blvd./Rosecrans | Manhattan Beach*

SAMY'S CAMERA ★ [134 C4]

Die besten Foto-, Digital- und Videokameras sowie Zubehör in allen Preisklassen, von der Profi- bis zur Hobby-Ausrüstung. Extrem fachkundiges und hilfsbereites Personal. *431 S. Fairfax Ave. | Hollywood | www.samys.com*

FACTORY OUTLET STORES

CAMARILLO PREMIUM OUTLETS [O]

Alles 25–65 Prozent billiger. 120 Läden: u.a. MCM, Reebok, Donna Karan, Ann Taylor. *740 E. Ventura Blvd. | 60 km nördl. von Downtown | I-101, Ausfahrt Las Posas | Camarillo*

CITADEL FACTORY STORES [139 D3]

Betsey Johnson, Designer Lables for Less, Max Studio, United Colors of Benetton u.a. *5674 E. Telegraph Rd. | 15 km südl. von Downtown | I-5, Ausfahrt Washington, dann zweimal links auf die Telegraph Rd. | City of Commerce*

DESERT HILL PREMIUM OUTLETS [O]

Über 120 Läden von A/X Armani, Barney's New York, Cole Haan, Donna Karan, Escada, Esprit, Gap, Guess?, Lacoste, Levis, Nike, Polo Ralph Lauren, Hilfiger bis Versace und OshKosh B'Gosh. *48400 Seminole Dr. | Cabazon, ca. 60 Min. von L.A. | I-10, Ausfahrt Fields Rd.*

ONTARIO MILLS ★ [O]

Riesige Mall mit über 200 Outlets: u.a. Elektronik, Lederwaren, Brillen, Sportartikel, Schmuck, Bekleidung, Kosmetik, Spielzeug, Bücher, CDs. *Ca. 40 Min. östl. von L.A., 30 Min. von Disneyland | I-10, Ausfahrt Milliken Ave., Kreuzung I-10/I-15*

FLOHMÄRKTE & SECONDHAND

IT'S A WRAP [134 B4] Insider Tipp

Hier können Sie ausrangierte Designermoden aus den Kostümabteilungen der Hollywoodstudios erstehen – z.B. Georgio Armani, Calvin Klein und Lucky Brand zu einem Drittel des Neupreises. *1164 S. Robertson Blvd., zw. Olympic & Pico Blvd. | Beverly Hills | www.itsawraphollywood.com*

ROSE BOWL FLEA MARKET [139 D2]
An jedem zweiten So im Monat kann man auf dem größten Flohmarkt Südkaliforniens nach Herzenslust stöbern. Surfboards, Tongeschirr aus Mexiko, Secondhand-Klamotten, antike Möbel, Schmuck und andere Liebhaberartikel. *9–15 Uhr | Eintritt $ 7 | 991 Rosemont Ave. | Pasadena*

tion-Figuren, Lunchboxes, Spielzeug und andere preiswerte Geschenk- und Gagartikel, mit Motiven von Hello Kitty über Hanna Montana bis zu Spiderman. Mehrere Filialen, u.a. *8878 W. Sunset Boulevard/San Vincente | West Hollywood* [134 B2] sowie *3223 Wilshire Blvd. | Santa Monica* [132 B3] | *www.aahs.com*

Erfolgsgeschichte im Zeichen des Apfels: Apple Store

WASTELAND [134 C3]
Riesenauswahl an Retroklamotten. Hier kaufen auch Stars wie Winona Ryder. Hawaii- und Cowboyhemden, Jeans, Schuhe. *7428 Melrose Ave./Vista St. | West Hollywood*

GESCHENKE & SOUVENIRS

AAHS!
Ramschparadies für Fans von Film, Musik und Popkultur: T-Shirts, Ac-

DFS GALLERIA [133 F1]
Zollfrei shoppen: Parfüm, Kosmetik, Lederwaren, Uhren, Sonnenbrillen, Wein, Souvenirs; Artikel von Burberry, Cartier, Chanel, Coach, Estée Lauder, Fendi, Guess?, Gucci. Flugticket nicht vergessen! Die Waren holen Sie am Flughafen vor dem Abflug ab. *Hollywood & Highland Center | 6801 Hollywood Blvd. | Suite 105/201 | Hollywood | www.dfsgalleria.com*

FRED SEGAL ★ [134 B3]
Hier werden Trends gemacht. Zum Publikum zählen Models, Hairstylisten, Visagisten und Moviestars. T-Shirts, Reisetaschen, elektronische Spielereien, Kindermode und Spielzeug – von den neuesten Klamotten für den Strand bis zum eleganten Abendoutfit. *8100 Melrose Ave./Crescent Hights Blvd. | West Hollywood, und 500 und 420 Broadway/5th St. | Santa Monica*

GALLERY OF FUNCTIONAL ART [132 C4]
Möbel als Kunstobjekte oder Kunstobjekte als Möbel? Die Frage stellt sich auch für Schmuck und Porzellan. Ausgefallenes für Leute, die Spaß an Kunst mit Nutzwert haben. *Bergamot Station | 2525 Michigan Ave. (Gebäude E, Laden 3) | Santa Monica | www.galleryoffunctionalart.com*

Ausgefallenes: Restoration Hardware

RESTORATION HARDWARE [130 A6]
Ungewöhnliches und Alltägliches. *Moon Pie* (Marshmallow-Sandwich), *Bromwell Popper* von 1819 mit Popcorn, Türdrücker, Schubladenknöpfe, *Porter's Original Bodylotion* von 1931; weitere Filialen. *1211 Third St. Promenade, zw. Wilshire/Arizona Blvd. | Santa Monica | www.restorationhardware.com*

SOOLIP PAPERIE & PRESS [134 B3]
Ausgefallene Schreibwaren, handgemachtes Papier aus Japan zum Einwickeln, Draufschreiben oder An-die-Wand-hängen, Fotoalben, Tagebücher in weichem Leder, Siegel, Wachs, Grußkarten. *8646 Melrose Ave./Norwich Dr. | West Hollywood*

SUR LA TABLE [130 A6]
Kochgeschirr und -zubehör vom Feinsten: Keks- und Backformen, Olivenöle, Pasten, Feigenessig, marokkanische Teegläser, Tischdecken, Servietten, Cocktailshaker und Gläser. Ausgefallenes für Hausfrauen und -männer und Hobbyköche. *301 Wilshire Blvd./Third St. | Santa Monica | www.surlatable.com*

TFTM (THANKS FOR THE MEMORIES) [134 B3]
Original Art-déco: Möbel, Ölgemälde, Poster, Fotografien, Nippesfiguren, Schmuck und Bakelitarmbän-

der, Ohrringe und Ketten, die ein kleines Vermögen kosten. *8319 Melrose Ave., zw. La Cienega Blvd./Fairfax Ave. | West Hollywood*

KAUFHÄUSER

BARNEYS NEW YORK ★ [133 F1]
West-Coast-Ableger des Manhattan-Kaufhauses, beliebt bei jungen Hipstern. Designerklamotten, Kosmetik, Schmuck. *9570 Wilshire Blvd., zw. Peck/Camden Dr. | Beverly Hills | www.barneys.com*

NEIMAN-MARCUS [133 F1]
Mode von Avantgarde bis klassisch. Beliebt bei Promis und solchen, die es gern sein wollen. *9700 Wilshire Blvd., zw. Roxbury/Bedford Dr. | Beverly Hills | www.neimanmarcus.com*

SAKS FIFTH AVENUE [133 F1]
Die beste Auswahl an Accessoires, Schuhen und Düften. *9600 Wilshire Blvd., zw. Peck/Bedford Dr. | Beverly Hills | www.saksfifthavenue.com*

KLEIDUNG & ACCESSOIRES

AMERICAN RAG CIE. ★ ▶▶ [134 C4]
Riesenauswahl an trendiger Kleidung, Schuhen und Accessoires für Männer und Frauen. Eine Attraktion ist die gigantische World Denim Bar mit 70 internationalen Jeansmarken in aktuellen Styles und Washes. *150 S. La Brea Ave, zw. W. 3rd St. & Beverly Blvd. | Los Angeles | www.amrag.com*

ANTHROPOLOGIE [130 A6]
Mode im Vintage-Look für alle, die das Außergewöhnliche lieben. Schmuck, Dekoratives für die Wohnung und mehr. *1402 N. Third St. Promenade/Santa Monica Blvd. | Santa Monica*

A/X ARMANI EXCHANGE [131 D6]
Sportswear von Giorgio Armani. *2940 Main St./Pier Ave. | Santa Monica | www.armaniexchange.com*

Exklusiv: Louis Vuitton am Rodeo Drive

DECADES [134 B3]
Lieblingsladen der Stars: Renee Zellweger, Jennifer Lopez and Nicole Kidman kaufen hier ihre *vintage*-Designer-Outfits. *8214 1/2 Melrose Ave./Harper Ave. | West Hollywood*

JOHN VARVATOS [134 B3]
Coole Designerklamotten für sie und ihn. Mode für junge Aufsteiger und Einsteiger. *8800 Melrose Avenue/N. Robertson Blvd. | West Hollywood | www.johnvarvatos.com*

LA EYEWORKS [134 C3]
Brillen als Kunstobjekte – klassisch bis ausgefallen. *7407 Melrose Ave.,*

zw. N. Martel Ave./N. Vista St. | West Hollywood | www.laeyeworks.com

LEVI'S [134 A4]

Die Dependance des Jeans-Erfinders in Beverly Hills führt die größte Levis-Auswahl in den USA: Neben der klassischen 501 gibt's auch exquisite *vault pieces* („Tresorstücke") wie handgenähte perfekte Replikate des Original Levi's-Overalls von 1873 für $ 500. Das bestens geschulte Verkaufspersonal erklärt bereitwillig alles, was man schon immer über die Jeanshose wissen wollte – ob aus dem Tresor oder von der Stange. *316 N. Beverly Dr./Dayton Way | Beverly Hills*

NIKETOWN [133 F1]

Ein sportliches Megaerlebnis, hier können Sie sich von Kopf bis Fuß mit Schuhen, Hemden, Hosen, Baseballcaps einkleiden. *9650 Wilshire Blvd./Rodeo Dr. | Beverly Hills | www.niketown.nike.com*

PLANET BLUE ▶▶ [131 D6]

Hier shoppen junge Trendsetter: Kleidung (nur Damen), Schmuck, Kosmetik und Lifestyle-Accessoires. *2940 Main Street | Venice (weitere Locations in Malibu, Beverly Hills und Santa Monica) | www.shopplanetblue.com*

RE-MIX [134 B3]

Plateauschuhe, Hush Puppies, Joan-Crawford-Pumps, Schuhe von 1920 bis 1970 – alle ungetragen. Lieblingsladen von Madonna. *7605 1/2 Beverly Blvd., zw. Fairfax/La Brea Ave. | West Hollywood*

URBAN OUTFITTERS [130 B6]

Die Ladenkette bietet preiswerte Modetrends für Studenten-Budgets sowie Bücher, ausgefallene Geschenkartikel und Wohnaccessoires. *1440 Third Street Promenade | Santa Monica | weitere Filialen: www.urbanoutfitters.com*

> LOW BUDGET

- Ganze Kaufhäuser nur mit Sonderangeboten: Zahlreiche Ladenketten haben sich auf den Abverkauf von Designerwaren spezialisiert. Das exklusivste Angebot hat *Loehman's (Mo bis Sa 10–21, So 11–19 Uhr | 333 S. La Cienega Blvd., Ecke West 3rd St.* [134 B3]*)*. Das Edelkaufhaus *Nordstrom* verkauft seine Ladenhüter bei *Nordstrom Rack;* die Schuhabteilung ist sensationell *(Mo–Sa 10–22, So 11 bis 20 Uhr | Einkaufscenter Howard Hughes | 6081 Center Drive* [138 C4]*, am 405 Fwy. in Flughafennähe)*. Ein Ramschfest für Schuhe, Kleider, Spielzeug, Koffer: *Ross Dress For Less* (viele Filialen, die blau-weißen Schilder sieht man überall in der Stadt).
- In der *Santee Alley* [129 D6] in Downtown *(zw. E 8th St./E 9th St.)* mit mexikanischem Marktflair wird hart um Preise verhandelt. Hier gibt's die neuesten Trends und nachgemachte Designerwaren zu Schnäppchenpreisen.

KOSMETIK & FRISEURE

BEAUTY SUPPLY SHOPS

Diese Läden bieten Haarpflegemittel und Kosmetika von Paul Mitchell, L'Oréal, Redkin, Aveda, Sebastian, Wella, Nexxus u.a. zu Niedrigpreisen an; überall in der Stadt zu finden, z.B.: *Melrose Beauty Center | 7419 Melrose Ave., zw. Vista St./Martel Ave. | West Hollywood* [134 C3]; *Beauty Secrets | 11661 Santa Monica Blvd./Barrington | Westwood* [132 C3]; *Bay Cities | 320 Santa Monica Blvd./Third St. Promenade | Santa Monica* [130 A–B6]

wie innovative Pflegeprodukte. Jedes Produkt darf ausprobiert und verglichen werden. Freundliche Visagisten beraten und schminken kostenlos; mehrere Filialen, z.B.: *1349 Third Street | Santa Monica* [130 A6] oder *im Hollywood&Highland Center | 6801 Hollywood Blvd. | Hollywood* [130 B2] | *www.sephora.com*

Für modebewusste Sportfans: Niketown in Beverly Hills

ESTILO [134 C3]

Starfriseure für Jodie Foster, Bruce Springsteen, David Bowie, Meg Ryan, Bette Midler oder Winona Ryder. Sie schneiden nicht nur hier im Salon, sondern auch auf TV- und Movie-Sets. *7402 Beverly Blvd./ Martel Ave. | West Hollywood*

SEPHORA

Kosmetikkaufhaus mit riesiger internationaler Auswahl. Klassische Paletten von Chanel und Shiseido so-

MUSIK

AMOEBA MUSIC [131 D3] Insider Tipp

Eine wahre Fundgrube für echte Musikliebhaber aller Stilrichtungen. Die Verkäufer geben sich die größte Mühe. Viele sind selbst Musiker. *6400 Sunset Blvd./Cahuenga | Hollywood* | *www.amoebamusic.com*

VIRGIN MEGASTORE [133 F1]

Hier gibt es alles, was je auf Schallplatte oder CD erschienen ist. Gute Klassikabteilung. *Tgl. 10–24 Uhr |*

im Hollywood & Highland Center | 6801 Hollywood Blvd. | Hollywood

NEW AGE

BODHI TREE [134 B3]

Bücher über Philosophie, Gesundheit, Fitness, Frauenthemen, Astrologie, Religion, dazu Räucherstäbchen, Kräuterkissen, Seifen und Lotionen, Kerzen, Tarotkarten und mehr. *8585 Melrose Ave., zw. Westmount/Westbourne Dr. | West Hollywood | www.bodhitree.com*

SCHOKOLADE

K CHOCOLATIER [133 F1]

Jeden Morgen kommen die selbst gemachten Trüffel frisch in den Laden. Neben den mit Wodka-Kaviar, Cosmopolitan etc. gefüllten Leckereien hat Inhaberin Diane Krön einen Spezialcocktail aus chinesischen Kräutern erstellt – Viagra im Schokoladenmäntelchen für Frauen: *K Sensual Herbal Chocolates*. Die kleine Chocolaterie beliefert u.a. die Luxushotels und Filmstudios. *9606 Little Santa Monica Blvd., zw. Bedford/Camden Drive | Beverly Hills | www.dianekronchocolates.com*

SCHMUCK

CHANEL [133 F1]

Kleidung und Modeschmuck sowie Kopien der Originalentwürfe von Madame Coco aus den 1920er- und 30er-Jahren. *400 N. Rodeo Dr./Brighton Way | Beverly Hills*

TIFFANY & CO [134 A4]

Frühstück wird hier nicht serviert, dafür gibt's im Laden am Rodeo Drive aber die komplette Kollektion klassicher Schmuckstücke, von erschwinglichen Silberarbeiten bis zu teuren Brillanten. *210 N Rodeo Dr. | Beverly Hills*

SHOPPINGCENTER & MALLS

BEVERLY CENTER [134 B3]

Einkaufszentrum mit ca. 200 Läden und Kaufhäusern wie Macy's und Bloomingdale's. *Beverly | La Cienega/San Vicente Blvd. | Third St. | West Hollywood | www.beverlycenter.com*

CENTURY CITY SHOPPING CENTER [133 E2]

Über 100 Geschäfte und reichlich Parkplätze; dazu Kaufhäuser, Kinos, Buchläden, Restaurants, Boutiquen, Supermarkt – alles unter freiem Himmel. *10250 Little Santa Monica Blvd., zw. Ave. of The Stars/Century Park West*

THE GROVE AT FARMERS MARKET ★ [134 C3]

Neben dem *Farmers Market*, der seit 1934 Kunden anlockt, ist eine kleine Einkaufsstadt entstanden, die zum Schaufensterbummel ohne Autoverkehr einlädt. Neben Cafés, Restaurants, Kinos und vielen Läden zum Gucken und Kaufen gibt's viel frische Luft. *6301 W. 3rd St/Fairfax Ave | Los Angeles (2 Std. kostenlos parken) | www.thegrovela.com*

THIRD STREET PROMENADE [130 A–B6]

Eine Seltenheit für Los Angeles ist diese autofreie Zone mit Restaurants, Kinos, Boutiquen, Buchläden und Straßenkünstlern. *Third St. Promenade | www.thirdstreetpromenade.com*

Insider Tip

SPIELZEUG

EXOTICAR MODEL GALLERY [133 F1]
Originalgetreu nachgebaute Mini-Oldtimer, Rennwagen und mehr. *9495 S. Santa Monica Blvd., zw. Rodeo/N. Camden Dr. | Beverly Hills | www.exoticar.com*

HOLLYWOOD MAGIC SHOP [130 C2]
Das Talmi- und Tandparadies bietet Karnevalskostüme, Zaubertricks und vieles mehr. *So geschl. | 6614 Hollywood Blvd., zw. Highland Ave./Cahuenga Blvd. | Hollywood*

WOUND AND WOUND [138 C2]
Blech- und Aufziehspielzeug, Roboter, Spieluhren, Gummitiere. *Universal City Walk | 100 Universal City Plaza| Universal City*

SPORT & FUN

ZJ BOARDING HOUSE [131 D6] Insider Tipp
Brettsport-Paradies, in dem die *locals* shoppen: Hier gibt's seit nunmehr 20 Jahren nicht nur Boards für Wellenreiten, Skaten und Snowboarding, sondern auch die passenden, trendigen Outfits sowie alle nötigen Accessoires vom Handtuch bis zur Lern-DVD. Direkt nebenan liegen zwei weitere Läden exklusiv für Surfer- und Skatergirls. Wer das Wellenreiten am nahe gelegenen Strand von Santa Monica mal selber ausprobieren will, kann direkt im Laden einen *instructor* für eine Privatstunde anmieten, Brett und Neoprenanzug inklusive *($90/ Stunde). 2619 Main Street/Ocean Park | Santa Monica | www.zjboardinghouse.com*

In den USA eine Seltenheit: autofrei bummeln und shoppen in The Grove at Farmers Market

> SPASS NACH SONNENUNTERGANG

Bars und Diskos, Musik- und Comedyclubs, Theater und Kino – hier haben Nachtschwärmer freie Wahl

> In L. A. können Sie in rauchfreier Atmosphäre die Hüften schwingen und den Barbesuch ohne blauen Dunst genießen. Obwohl dem Nachtleben nach Einführung des Nichtrauchergesetzes das Aus prophezeit wurde, vergeht weiterhin kein Abend, an dem nicht irgendwo was los ist.

Das gilt vor allem in Hollywood und West Hollywood, wo viele Schauspieler, Models und Fotografen leben. Das bedeutet jedoch nicht unbedingt, dass Sie die bekannten Gesichter auch zu sehen bekommen. Viele Clubs haben separate V. I. P. Rooms. Um 2 Uhr ist fast überall Schluss. Danach ist Alkoholausschank verboten.

Man besucht L.A. nicht unbedingt der Oper, des Balletts oder Theaters wegen, dennoch gibt es hervorragende Vorstellungen und Weltpremieren, und die Auswahl ist groß. L.A. hat über 1000 *Performing Arts Companies* – New York „nur“ 815.

Bild: Los Angeles bei Nacht

AM ABEND

Das Los Angeles Philharmonic Orchestra, derzeit unter der Leitung des Finnen Esa-Pekka Salonen, ist eines der besten der Welt. Der derzeitige Intendant Placido Domingo hat Welttalente und Hollywood-Regisseure an die Oper geholt – mit sagenhaften Ergebnissen. Viele Leinwandstars, wie Al Pacino oder Annette Benning, legen ab und zu eine Filmpause ein, um Theater zu spielen. Im Sommer gibt es überall Openairveranstaltungen. Viele Bars und Clubs vermieten ihre Räumlichkeiten an Discjockeys, die ihre Fangemeinde mitbringen, oder an Partyveranstalter, die sich immer wieder neue Themen einfallen lassen. Was wo stattfindet, steht in der Zeitung. Eingeweihte holen sich Flugblätter mit den neuesten Infos in den Shops der Melrose Avenue. Die Eintrittspreise betragen je nach Show um $ 20, geöffnet ist meist ab etwa 21 Uhr.

BARS

Wenn Sie einfach nur bummeln wollen, ist die *Third Street Promenade* in Santa Monica der rechte Ort. An Wochenenden gaukeln Straßenkünstler mit Musik, akrobatischen

Nahezu jedes Hotel und viele Restaurants haben eine eigene Bar

Kunststücken und Zaubertricks bis spät in die Nacht vor applaudierendem Publikum. Informationen, was wann und wo stattfindet, entnehmen Sie der „L.A. Times" *(www.calendarlife.com)*, „L.A. Weekly" *(www.laweekly.com)* oder dem „Los Angeles Magazine" *(www.losangelesmagazine.com | www.wherela.com)*. Karten für Theatervorstellungen, Ballettaufführungen, | Konzerte oder sportliche Veranstaltungen können Sie z. B. bei *Ticketmaster (Tel. 1-213-480-32 32 | www.ticketmaster.com)* bestellen. Theatertickets zum halben Preis: *www.theatrela.org*

BARS

Es gibt Bars in Restaurants, Bars, in denen Musikgruppen auftreten und wo Sie auch dinieren können, Hotelbars, in denen Sie tanzen können, und *Sportsbars*, die unseren Kneipen entsprechen, wo sich Football- und Baseballfans nach Feierabend auf ein Bier treffen und die Spiele auf überdimensionalen Bildschirmen verfolgen. Viele Bars haben *Happy Hours* (zu unterschiedlichen Zeiten), dann gibt's Getränke zum halben Preis.

THE ABBEY [134 B3] Insider Tipp

Erste Partyadresse für die Homosexuellenszene von West Hollywood, auch heterosexuelle Gäste sind willkommen. Restaurant, Bar, Lounge. *692 N. Robertson Blvd./ Santa Monica Blvd. | West Hollywood*

BARFLY [134 B2]
Sehen und gesehen werden ist hier alles: Singlemarkt der Eitelkeiten. Sushibar. *Do–Sa | 8730 W Sunset | drei Blocks westl. von La Cienega Blvd. | West Hollywood*

BAR MARMONT ▶▶ [134 C2]
Szenekneipe unterhalb des gleichnamigen Luxushotels am Sunset Boulevard. Die Kellnerinnen sehen aus wie Supermodels, die Gäste sind hip, die Drinks alkoholstark. Die Türsteher sind rigoros, die Warteschlange kann man am besten mit Dinner-Reservierung umgehen. *Tel. 1-323-650-05 75 | 8171 Sunset Blvd. | West Hollywood*

BARNEY'S BEANERY [134 B2]
Insider Tipp
140 verschiedene Hamburger, über über 200 Biere. Tanz, Sport-TV, Karaoke, Poolbillard, Videospiele. Kein Einlass für Minderjährige, deshalb Ausweis mitbringen! *Eintritt frei | tgl. 10–2 Uhr | 8447 Santa Monica/ La Cienega Blvd. | West Hollywood*

CHEZ JAY [130 B6]
Insider Tipp
Ambiente wie im Fischerboot. Mit Bullaugen, ausgestopftem Thunfisch über der Bar, Sägespänen auf dem Fußboden; Musikbox und gemütliche Atmosphäre. *Tgl. 12–1, Dinner 18–22 Uhr (reservieren) | 1657 Ocean Ave. zw. Colorado und Pico Blvd. | Santa Monica | Tel. 310-395-17 41*

THE DRESDEN ROOM [135 F2]
Hier wurde der Film „Swingers" gedreht. Die Martinis sind großartig. Loungemusik, Showtunes live. *So geschl., 1760 N. Vermont, zw. Hollywood Blvd./Franklin St. | Los Felíz*

LAVA LOUNGE [130 A3]
Reif für die Insel? Gemütliche Nischen mit sanfter Beleuchtung, die Drinks kommen mit Papierschirmchen. Retro-Musik und Live-Chansons – aber nicht vor 22.30 Uhr. *Tgl. 21–2 Uhr | 1533 N. La Brea Ave./ Sunset Blvd. | Hollywood*

MARCO POLO HIGHLIGHTS

★ **Catalina Bar & Grill**
Supper Club für echte Jazzfreunde (Seite 88)

★ **The Kress**
Megaclub über vier Etagen in Hollywood (Seite 87)

★ **Key Club**
Das ehemalige Billboard Live ist die Nummer eins für Livemusik (Seite 87)

★ **Dorothy Chandler Pavilion**
Hochkarätige Opernaufführungen (Seite 90)

★ **Twilight Dance Series**
Tanzmusik am Ende des Piers von Santa Monica (Seite 88)

★ **The Conga Room**
Salsa, Samba, Swing – auf einer riesigen Tanzfläche (Seite 87)

★ **Hollywood Bowl**
Seit 1922 werden Sommerkonzerte gegeben (Seite 91)

★ **Tropicana Bar**
Pool, Palmen und Filmstars im Hollywood Roosevelt Hotel (Seite 87)

THE POLO LOUNGE [138 B–C3]
Klassisches Hollywood in eleganter Atmosphäre, gepflegte Drinks, älteres Publikum. Seit 1912 ist das *Beverly Hills Hotel,* auch *Pink Palace* genannt, bei Hollywoodstars beliebt. An der Hotelbar tranken schon Charlie Chaplin, Clark Gable, Marlene Dietrich und Spencer Tracy. Cocktails werden in den halbrunden grünen Sitznischen oder unter dem Schatten spendenden Baum auf der Terrasse serviert. *Tel. 1-310-276-2251 | 9641 Sunset Blvd. | Beverly Hills | www.beverlyhillshotel.com*

RAINBOW BAR & GRILL [134 B2]
Musik aus den Siebzigerjahren, coole Typen wie Lemmy von Motörhead oder Ozzy und Sharon Osborne. Pizza aus dem Ofen. *9015 Sunset Blvd./südl. V. Doheney Drive | West Hollywood*

ROOFTOP BAR IM STANDARD HOTEL [128 C4] Insider Tipp
Mit Pool, Wasserbett-Liegewiesen und umwerfender Aussicht auf die umliegenden Hochhäuser die aufregendste Hotelbar in L.A. Abends und am Sonntagnachmittag live DJs. *Tgl. 12–1.30 Uhr, bis 19 Uhr Eintritt frei | 550 S. Flower St. | Downtown*

SKY BAR AT THE MONDRIAN [134 B2]
In dieses Hollywood-Heiligtum oben auf dem *Hotel Mondrian* hineinzugelangen ist schwierig. Ohne berühmten Namen kommt man nicht am Türsteher vorbei. Reservierungen kann der normal Sterbliche vergessen, es sei denn, er wohnt im Hotel. Ein Trick: Kommen Sie vor 21 Uhr und gehen Sie durchs Hotel in die Bar. *8440 Sunset Blvd., ein Block östl. von La Cienega Blvd.*

> ZUSCHAUERSPORT

Große Show: Baseball & Basketball

Die L.A. Dodgers sind achtfacher Meister der National Baseball League und fünffacher Gewinner der World Series. Sich hoch über der Stadt ein Spiel im altmodischen Ballpark anzuschauen ist ein uramerikanisches Erlebnis, inklusive 30-cm-Riesen-Hot-Dogs und Popcorn *(Dodger Stadium* [136 C3] *| Echo Park | 1000 Elysian Park | Nähe Sunset Blvd. | Tel. 1-323-224-1448 | http://losangeles.dodgers.mlb.com).* Bei den Basketballspielen der L.A. Lakers sitzen prominente Fans wie Jack Nicholson und Leonardo DiCaprio in den Zuschauerrängen. Starspieler Kobe Bryant ist seit 12 Jahren bei den Lakers. Das Team hat bereits achtmal den NBA-Titel geholt. Die Saison läuft Oktober bis April, gefolgt von den Playoffs *(Tickets $11–450 | Staples Center* [128 A6] *| Downtown | 1111 S. Figueroa St. | Tel. 1-212-742-7340 | www.nba.com/lakers/*
Für erstklassigen *soccer* sind die USA zwar nicht bekannt, aber seit die Los Angeles Galaxy David Beckham unter Vertrag haben, ist Fußball in L.A. zumindest eine Show. Ehefrau Victoria Beckham hat berühmte Hollywood-Freunde wie Tom Cruise zu Fans gemacht. *Home Depot Center* [139 D5] *| Carson | 18400 Avalon Blvd. | Tel. 1-310-630-2200 | www.lagalaxy.com*

TROPICANA BAR IM HOLLYWOOD ROOSEVELT HOTEL ★ ▶▶ [130 A2]
Eine Oase bei Tag, coole Lounge bei Nacht. Entspannte Sitzlandschaft am Pool und unter Palmen. *Tgl. 7–18 Uhr und 21–2 Uhr | 7000 Hollywood Blvd. | Hollywood*

CLUBS & DISKOS

THE CONGA ROOM ★ [134 C4]
Salsa, Samba, Swing: Südamerika lässt grüßen. Die Kleider der *señoritas* sind hauteng und zeigen mehr als sie verhüllen, die *señores* tanzen bei Livemusik, als gebe es kein Morgen. *Nur Do–Sa | 5364 Wilshire Blvd. | westl. von La Brea Blvd. | Hollywood | www.congaroom.com*

GOTHAM HALL [130 B6]
Alles unter einem Dach: täglich Dinner, Billard, DJs, Tanz; vorsichtshalber reservieren! *Tel. 1-310-394-8865 | 1431 Third St. Promenade, zw. Broadway/Santa Monica Blvd. | Santa Monica*

KEY CLUB ★ [134 A–B2]
Das ehemalige *Billboard Live* ist die Nummer eins für Livemusik. V.I.P.-Lounge und Galerie. *Mi–Mo 9–2 Uhr | 9039 Sunset Blvd./Doheny | West Hollywood*

THE KRESS ★ ▶▶ [130 C2]
Megaclub über vier Etagen im Art-déco-Design: vier Bars, zwei Tanzflächen (gelegentlich Livemusik), Champagnerbar auf der Damentoilette, Restaurant und auf der Dachterrasse Palmen; entspannen kann man in den *V.I.P.-Cabanas* mit Blick auf Hollywood. *6608 Hollywood Blvd. | Hollywod | www.thekress.net*

THE PALACE [131 E1]
Alter Hollywood-Tanzclub mit Livemusik; Nirvana und die Smashing Pumpkins traten hier schon auf. Top

Rooftop Bar im Standard Hotel

Rock, Pop, R&B, Jazz. Die DJs spielen Retro und Tanzmusik. *Do–Sa | 1735 N. Vine St., gegenüber vom Capitol Records Tower | Hollywood*

TEMPLE BAR [130 A5]
Kerzenschein und Hip-Hop, Soul, Reggae und mehr. *1026 Wilshire*

Blvd./10th St. | Santa Monica | www.templebarlive.com

TROUBADOR [134 B3]

Jim Morrison und Jimi Hendrix wurden hier entdeckt, ebenso die Byrds, die Eagles, Jackson Browne und Kris Kristofferson. Elton John hatte hier seine US-Premiere. *Tgl. 20–2 Uhr | 9081 Santa Monica Blvd./Doheny | West Hollywood*

VIPER ROOM [134 B2]

Johnny Depps Club gehörte einst dem berühmten Mobster Bugsy Siegel. Viele *celebrities*, aber Kameras sind verboten! *8852 Sunset Blvd. | Eingang Larabee St. | West Hollywood*

WHISKY A GO-GO [134 B2]

Viele Musiker von den Doors bis Guns'n'Roses hatten hier ihre erste Chance. Montags Bands aus der Umgebung und freier Eintritt. Leichte Küche. *8901 Sunset/San Vicente Blvd. | West Hollywood*

>LOW BUDGET

- Resttickets für aktuelle Veranstaltungen werden von *Goldstar* im Internet zum halben Preis verkauft. Das Angebot reicht von Eintrittskarten für Oper, Philharmonie und Theater über Sportveranstaltungen bis zu Rock- und Popkonzerten. *www.goldstar.com*
- Sommerkonzerte am Strand: Juni bis August findet auf dem Santa Monica Pier [130 B6] die ★ *Twilight Dance Series* unter freiem Himmel statt. Es spielen z. T. berühmte Gruppen wie Santana oder die Indigo Girls. Der Eintritt ist frei. Unter dem Pier im Sand findet ein Massenpicknick statt. *Do 19–22 Uhr | Ocean Ave./Colorado Blvd. | www.twilightdance.org*
- Der Courtyard des *Getty Centers* [132 B1] wird freitagabends zum Outdoor Danceclub. DJs legen elektronische Musik auf, die Ausstellungen sind geöffnet. Eintritt frei. *Fr 18–21 Uhr | 1200 Getty Center Dr., am 405 Fwy., Brentwood | www.getty.edu/visit/events/fridays_405.html*

COMEDY CLUBS

Die Stand-up Comedy Clubs haben schon viele heute berühmte Stars hervorgebracht: u. a. Whoopi Goldberg, Robin Williams, Bette Midler und den beliebten Night-Show-Moderator Jay Leno.

LAUGH FACTORY [134 C2]

8001 Sunset Blvd./2 Blocks westl. von Fairfax Ave. | West Hollywood | Tel. 1-323-656-13 36

JAZZ, BLUES & ROCK

B. B. KING'S BLUES CLUB [138 C2]

Bei B. B. spielen die besten Jazzer. Die Küche ist *southern style*: fett, scharf, lecker. *Universal City Walk | 1000 Universal Center Dr. | Universal City*

CATALINA BAR & GRILL ★ [130 B3]

Für Jazzfans: Supperclub aus der guten alten Hollywood-Zeit. Branford Marsalis, Tony Williams, McCoy Tyner und Freddy Hubbard spielen hier regelmäßig. Es gibt zwei Sets *(Mo bis Sa 20.30 und 22.30, So 19 und 21 Uhr). 6725 Sunset Blvd./östl. N. Highland Ave. | Hollywood | Tel. 1-323-466-22 10*

HOLLYWOOD PALLADIUM [135 D2]
Treffpunkt für Rockgruppen wie Red Hot Chili Peppers u.a. Scharfe Sicherheitsvorkehrungen, weil es viele Ausschreitungen gegeben hat. *6215 Sunset Blvd./Argyle St. | Hollywood*

HOUSE OF BLUES [134 B2]
Steve Winwood, Al DiMeola, Mick Jagger sollen schon mal auf einen Sprung vorbeigekommen sein und mitgespielt haben. Livemusik oft bis 2 Uhr nachts. *8430 Sunset Blvd. | ein Block östl. von La Cienega Blvd. | West Hollywood | www.hob.com*

THE ROXY [134 B2]
Wer hier spielt, wird nicht selten entdeckt und berühmt – wie Van Halen, Bruce Springsteen, Bob Marley u. a. Und wer's geschafft hat, kommt gern zurück. *9009 Sunset Blvd. | östl. von Doheny | West Hollywood*

WILTERN THEATRE [135 E4]
Historisches grünes Art-déco-Meisterstück von 1930. Einst Heimat der Los Angeles Opera, heute Rock- und Popkonzerte. *Tel. 1-213-380-5005 | 3790 Wilshire Blvd./Western Ave. | Hollywood*

Smalltalk vor dem Musikclub The Roxy auf dem Sunset Boulevard

KINOS

ARCLIGHT CINEMAS [131 E3] Insider Tipp
L.A.s schickstes und modernstes Kino. Die Leinwände sind extragroß, der Sound phantastisch. Bei 21-and-over-screenings (man muss mindestens 21 Jahre alt sein) werden in den bequemen Sesseln sogar Cocktails serviert. Karten mit Sitzre-

servierung an Wochenenden im Voraus kaufen. *6360 Sunset Blvd./Vine Street | Hollywood | www.arclightcinemas.com*

EL CAPITAN [130 B2]

Die erste Weltpremiere war 1941 „Citizen Kane". Jetzt ist das restaurierte Art-déco-Theater das Hauskino des Disney-Konzerns, der hier seine Filmpremieren zeigt, oft von Liveshows auf der Bühne begleitet. *6838 Hollywood Blvd., zw. N. Highland/N. Orange Dr. | Hollywood | www.elcapitantickets.com*

THE EGYPTIAN THEATRE [130 C2]

Nach aufwendiger Restaurierung erstrahlt Hollywoods erster Filmpalast von 1922 heute in neuem Glanz. Das Design mit Sphinx, Pharao, Hieroglyphen und Kobras war damals von der Grabstätte Tutanchamuns inspiriert, die kurz zuvor entdeckt worden war. Heute Programmkino, das Klassiker und Indie-Filme zeigt. *6712 Hollywood Blvd., zw. N. Las Palmas Ave./N. McCadden Place | www.egyptiantheatre.com*

KONZERTHALLEN

DOROTHY CHANDLER PAVILION ★ [129 D3]

Hier spielt die L.A. Opera., die Intendant Placido Domingo an die Weltspitze geführt hat. Aufführungen von September bis Juni. *Tel. 1-213-972-72 11, 135 N. Grand Ave., zw. W. 1st/W. Temple St. | Downtown | www.laopera.com*

JAPANESE AMERICAN THEATER [129 E4]

Das Theater liegt im Innenhof des Japanese American Cultural and Community Center (JACCC): von traditioneller japanischer Musik, Tanz und Theater bis zu neuen, modernen Musikkreationen für Orchester, Kammer- und Ensemblemusik der Los Angeles Philharmonic New Music Group. *369 First St. | Little Tokyo | www.jam.org*

> VERBLICHENE PRACHT

Alte Filmtheater zeugen von einstigem Glanz

Als mittlerweile verblasste Schönheiten zeugen etliche alte Filmtheater von einer glamourösen cineastischen Vergangenheit – Kinofans sollten sich diese melancholischen Überreste einer großen Zeit nicht entgehen lassen: Das *Million Dollar Theatre (307 S. Broadway/W. Third St.)* wurde 1918 in spanischem Neobarockstil und mit feudalem Interieur erbaut. Das *United Artists* von 1927, eine Phantasiemischung aus Kathedrale und spanischer Gotik *(933 S. Broadway, zw. Olympic/W. Ninth St.)*, wurde von den Stummfilmstars Mary Pickford, Douglas Fairbanks und Charlie Chaplin gemeinsam finanziert. Eins der schönsten Theater der Stadt ist das barocke *Los Angeles Theatre (615 S. Broadway/W. 6th St.)* von S. Charles Lee. Hier wurde Charlie Chaplins Film „Lichter der Großstadt" uraufgeführt. Im *Orpheum (842 S. Broadway)* steht die große Wurlitzerorgel für die Stummfilbegleitung, auf der noch gespielt wird (alle zwischen *Third St. und Olympic Boulevard).*

WALT DISNEY CONCERT HALL [129 D3]
Hier spielt die L.A. Philharmonic unter der Leitung von Esa-Pekka Salonen. Die Akustik in dem organisch geformten und komplett mit Holz verkleideten Auditorium ist fabulös. Saison von Oktober bis Ende Mai. *Tel. 1-323-852-2000 | 111 S. Grand Ave. | Downtown | www.laphil.com*

OFF-THEATER

In den ca. 200 Off- und Off-Off-Broadway-Theatern von Los Angeles finden u. a. experimentelle Aufführungen statt. Der Überfluss an Schauspiel- und Regietalenten in der Stadt garantiert für höchste Qualität auch auf kleinen Bühnen. Aktuelle Spielpläne: *www.theaterla.org*

OPEN AIR

GREEK THEATRE [135 F1]
Mai bis Oktober spielen hier die heißesten Gruppen, bevor sie auf Tournee gehen. Hier trifft man sich zum Picknick; Essen und Getränke können Sie mitbringen oder vor Ort kaufen. *2700 N. Vermont Ave. | nördl. vom Los Feliz Blvd. | Los Angeles | www.greektheatre.com*

HOLLYWOOD BOWL ★ [135 D1]
Auf einer Wanderung durch den Cahuenga-Pass war H. Ellis Reed vom klaren Klang seiner Worte so überwältigt, dass er hier ein Amphitheater erbauen ließ. Klassische Konzerte (Sommersitz des L. A. Philharmonic Orchestra), Opern, Jazz, Mariachi und Pop locken jeweils bis zu 30000 Zuschauer an. Viele bringen ihre Picknickkörbe mit. *Di, Do, Fr 9.30 bis 12 Uhr öffentliche Proben (Eintritt frei). 2301 Highland Ave./Cahuenga Blvd. | Hollywood | www.hollywoodbowl.com*

Akustisch wie optisch top: Walt Disney Concert Hall

THEATER

AHMANSON THEATRE [129 D2]
Stücke und Musicals, die auch auf dem Broadway in New York gespielt werden. *Music Center | 135 N. Grand Ave./Temple St. | Downtown | www.taperahmanson.com*

MARK TAPER FORUM [129 D3]
Alteingesessenes Theater mit Prestige. Viele Stars aus Film und Fernsehen spielen hier. *Music Center | 135 N. Grand Ave./ Temple St. | Downtown | www.taperahmanson.com*

> SICHER UND GUT SCHLAFEN

Wer sich's leisten kann, logiert in den Lieblingshotels der Stars – aber auch für den schmaleren Geldbeutel gibt's originelle Unterkünfte

> Die *location* ist das Wichtigste – je nach Standort kann man in L.A. die unterschiedlichste Art von Urlaub erleben. Jedes Stadtviertel hat sein eigenes Flair und Angebot. Wer am Strand relaxen will, quartiert sich in Santa Monica und Umgebung ein. Restaurants sind zu Fuß erreichbar, die Third Street Promenade und der Vergnügungspier laden bis spät in die Nacht zum Flanieren ein. Wer das Nachtleben von L.A. auskosten will, steigt in West Hollywood ab. Spielt Geld keine Rolle, dann bietet Beverly Hills eine große Auswahl an Luxushotels. Für begrenzte Urlaubsbudgets bieten sich Hollywood und Downtown an.

Hollywood hat weniger Hotels als man erwarten würde, und die meisten Unterkünfte sind einfach, aber wegen der zentralen Lage zwischen Downtown und Beverly Hills recht praktisch gelegen. In den vergangenen Jahren sind Design- und Boutique-

Bild: Beverly Hills Hotel

ÜBER NACHTEN

hotels über die ganze Stadt errichtet worden, doch die größte Ansammlung findet man nach wie vor in West Hollywood. In den Suiten entlang des Sunset Boulevard wird nicht nur übernachtet, hier steigen auch V.I.P.-Parties, Jamsessions, Fotoshootings und Starinterviews. Im *Chateau Marmont* hat man Autoren und Schauspieler als Zimmernachbarn, im *Sunset Marquis* Rockstars; die Modeszene bevorzugt das *Mondrian.* Klassische Old-World-Eleganz findet man hingegen im *Four Seasons,* im *Peninsula* oder *Shutters on the Beach.*

Wenn Komfort nicht so wichtig ist, und man nur ein Bett zum Schlafen will, hat L.A. auch viele einfache Unterkünfte unter $100 im Angebot. Dabei sollte man allerdings keine zu großen Kompromisse in Sachen Standort machen. Weit ab von den Touristenvierteln findet man oft die besten Deals, aber das kann heißen,

Art-déco in Santa Monica: The Georgian Hotel

dass man mehr Zeit im Stau verbringt und abends in einem schnöden Hotelzimmer ohne Ausgehmöglichkeiten in der Nachbarschaft festsitzt.

Bei der Reservierung unbedingt nach *special offers* (Sonderangeboten) und *low season-* (Nebensaison) Preisen fragen. Auf jeden Fall auch immer die Webpages der Hotels checken, dort findet man häufig *internet only rates*. Unter der Woche oder bei mehrtägigem Aufenthalt gibt es oft günstige Angebote. Die Übernachtungspreise sind Nettopreise, es kommen noch Steuern von 12–17 Prozent dazu. Check-in ist meist ab 14, check-out bis 11 Uhr. Wer ein paar Stunden länger bleiben will, kann an der Rezeption um ein *late check-out* bitten, das die meisten Hotels entweder kostenlos oder gegen eine kleine Gebühr gewähren. Für die *maid* (Zimmermädchen) lässt man am Ende des Besuchs $ 1–5 pro Nacht im Zimmer liegen, *bell boys* (Gepäckträger) bekommen $ 1 pro Koffer.

HOTELS €€€

THE ARGYLE [134 C2]
Unter Denkmalschutz stehendes Art-déco-Hotel aus den 1920er-Jahren. Toller Blick auf die Stadt. *20 Zi., 44 Suiten | 8358 Sunset Blvd., zw. La Cienega/Crescent Hights | West Hollywood | Tel. 1-800-225-2637, 1-323-654-7100 | Fax 1-323-654-9287 | www.argylehotel.com*

HOTEL AVALON ★ [134 A4]
Hippes Retro-Luxushotel. Tropisches *Mid-Century*-Dekor mit Bambusakzenten und Designklassikern wie Noguchi-Tischen, Nelson-Lampen und Eames-Stühlen. Das populäre *Blue On Blue Restaurant* serviert Cocktails und Speisen in Cabanas am Pool – People watching gratis. *88 Zi. | 9400 West Olympic Blvd., ein Block östl. von Beverly Dr. | Beverly Hills | Tel. 1-800-535-4715, 1-310-277-5221 | www.avalonbeverlyhills.com*

CHANNEL ROAD INN [138 A3]
Luxuriöses B&B, einen Block vom Strand in Santa Monica. Uramerikanisch mit Amish Quilts, Daunenbetten. Frühstück, Nachmittagstee,

Wein und Häppchen sowie Fahrräder inklusive. Veranda, Meerblick, Kamin. *14 Zi. und Suiten | 219 W. Channel Rd. | Tel. 1-310-459-19 20 | www.channelroadinn.com*

CHATEAU MARMONT ★ ▶▶ [134 C2]
Cool, hip, nordfranzösisches Schlossleben, einen Steinwurf entfernt vom Sunset Boulevard. Hier nächtigten schon Billy Wilder und Greta Garbo. Viele Schauspieler und Drehbuchautoren. *63 Zi., Suiten und Bungalows | 8221 Sunset/Laurel Canyon Blvd. | Hollywood | Reservierung in Dtschl.: Tel. 0130-854-278 | USA: Tel. 1-800-242-83 28 oder 1-323-656-10 10 | www.chateaumarmont.com*

L'ERMITAGE HOTEL [133 F1]
Mel Gibson, Cindy Crawford, Isabella Rossellini sind begeistert vom Hightech-Interieur mit asiatischem Flair. 124 Zimmer, davon 13 Luxussuiten. Nur wenige Schritte zum Rodeo Drive. *9291 Burton Way/Foothill Rd. | Beverly Hills | Tel. 1-800-800-21 13 oder 1-310-278-33 44 | www.lermitagehotel.com*

THE GEORGIAN HOTEL ★ [130 B6]
Art-déco-Miami-Beach-Hotel in Santa Monica mit herrlicher Aussicht. *84 Zi. und Suiten | 1415 Ocean Ave., zw. Santa Monica Blvd./Broadway | Tel. 1-800-538-81 47, 1-310-395-99 45 | wwwgeorgianhotel.com*

HOLLYWOOD ROOSEVELT HOTEL ★ ▶▶ [130 A2]
Klassische Hollywood-Eleganz mit modernem Touch. Durch die Flure des Prachtbaus von 1927 huscht angeblich der Geist von Marilyn Monroe, die hier zwei Jahre lang eine Suite bewohnte. Die Zimmer bekamen bei einer aufwendigen Renovierung 2005 ein modernes Dekor, und seitdem ist das Roosevelt auch bei den Hollywoodstars wieder angesagt. Ein Szenetreff ist die ▶▶ *Tropicana Bar* am Pool, den ein Unter-

MARCO POLO HIGHLIGHTS

★ Hotel Avalon
Für Liebhaber von Mid-Century-Design (Seite 94)

★ Chateau Marmont
Nordfranzösisches Schlossleben einen Steinwurf vom Sunset Strip (Seite 95)

★ Malibu Beach Inn
Wellenrauschen, Kaminfeuer und Romantik pur (Seite 96)

★ Mondrian
Coole Trendherberge und schöne Menschen in der Sky Bar (Seite 97)

★ Su Casa Oceanfront Suites
Wohnen wie ein Einheimischer direkt am Strand (Seite 100)

★ The Georgian Hotel
Art-déco in Santa Monica – Miami Beach lässt grüßen (Seite 95)

★ Hollywood Roosevelt Hotel
Klassische Eleganz am Hollywood Boulevard (Seite 95)

★ Huntley Hotel
Ultra-hippes, lässiges Beachhotel (Seite 96)

wassergemälde von David Hockney schmückt. *302 Zi. und Suiten | 7000 Hollywood Blvd. | Tel. 1-323-466-7000 | www.hollywoodroosevelt.com*

HUNTLEY HOTEL ★ [130 A6]
Ultra-hip und trotzdem einladend und *laid back*, denn man ist nur einen Block vom Strand entfernt. Das ▶▶ *Penthouse* im 18. Stock – Restaurant, Bar und Lounge in einem – ist Szenetreff mit toller Aussicht. *189 Zi., 20 Suiten | 1111 2nd St. | Santa Monica | Tel. 1-310-394-5454 | www.thehuntleyhotel.com*

MALIBU BEACH INN ★ [0]
Wellenrauschen wiegt Sie in den Schlaf. Hotel im Spanish Style am Strand von Malibu. Balkon, Kamin, Frühstück inkl. *47 Zi. und Suiten | 22 878 PCH/Sweetwater Canyon Rd.*

> LUXUSHOTELS

Exquisites Wohnen und Übernachten

BEL-AIR [138 B3]
Das 1922 erbaute Hotel hat den Charme eines südfranzösischen Landgutes. Hier nächtigten die Rockefellers, Kennedys und Windsors. 92 Zi. und Suiten ($ 350 bis 2500). *701 Stone Canyon Rd./Chalon Rd. | Tel. 1-800-648-40 97 oder 1-310-472-12 11 | www.hotelbelair.com*

BEVERLY HILLS HOTEL [138 B–C3]
Schon Gloria Swanson, Clark Gable und Marilyn Monroe liebten die Bungalows des *Pink Palace*, der, umgeben von einem tropischen Garten, über dem Sunset Boulevard thront. Eigener Butler auf Wunsch. Die *Polo Lounge* ist Treffpunkt der Powerpeople von Hollywood. 203 Zi., Suiten und Bungalows (DZ $ 310 bis 365, Suiten $ 685–4700, Bungalows $ 365–3595. *9641 Sunset Blvd., zw. N. Crescent Dr./Hartford Way | Beverly Hills | Tel. 1-800-283-88 85 oder 1-310-276-22 51 | www.thebeverlyhillshotel.com*

CASA DEL MAR [130 C6]
Italienische Renaissance am Strand. In den 1920er-Jahren diente das Gebäude als Beach Club für Hollywoods Elite. Jetzt trifft man sich hier wieder. Unübertroffene Aussicht. 129 Zi. (ab $ 380, 3 zweistöckige Penthouses ab $ 2000). *1910 Ocean Front Walk | Santa Monica | Tel. 1-800-898-69 99, 1-310-581-55 33 | www.hotelcasadelmar.com*

SUNSET MARQUIS HOTEL & VILLAS [134 B2]
Legendäres Rockstar-Hotel, in dem Privatsphäre betont wird. Exquisite Villen, versteckt in einem tropischen Garten direkt am Sunset Boulevard. Seit der Renovierung 2008 noch exklusiver: moderne Kunst, begehbare Kleiderschränke, Sonnenterrassen, Butler und Chauffeur inklusive. Die *Presidential Suite* hat sogar einen *screening room* für Kinovorführungen. Im unterirdischen Aufnahmestudio arbeiten Popstars wie Seal und Madonna. In der *Bar 1200* (früher *Whiskeybar*) hat man nicht selten einen Rockstar zu seiner Linken und eine berühmte Schauspielerin zur Rechten. 58 Villas ($ 1000–7000), 102 Suiten ($ 485–815). *1200 N. Alta Loma Road | West Hollywood | Tel. 1-310-657-1333 | www.sunsetmarquis.com*

Insider Tip

| *Tel. 1-800-4-MALIBU, 1-310-456-64 44* | *www.malibubeachinn.com*

MONDRIAN ★ **[134 B2]**
Einst Trendherberge, inzwischen ein Klassiker – von Hotelier Ian Schrager und Designer Philippe Starck gestylt. In der Sky Bar treffen Sie die schönsten Menschen der Welt; wer im Pool taucht, hört klassische Musik. *245 Zi.* | *8440 Sunset Blvd., zw. N. La Cienega/Crescent Hight Blvd.* | *Tel. 1-800-525-80 29, 1-323-650-89 99* | *www.mondrianhotel.com*

PENINSULA BEVERLY HILLS **[133 E–F1]**
Französische Renaissance, Antiquitäten, Marmorboden und ein Pool mit Blick auf die Hollywood Hills. Zum Einkaufen steht ein Rolls Royce mit Chauffeur zur Verfügung. *152 Zi., 28 Suiten, 16 zweistöckige Villen* | *9882 Little Santa Monica Blvd., zw. Lasky Dr./Charleville Blvd.* | *Berverly Hills* | *Tel. 1-800-462-78 99 oder 1-310-551-28 88* | *www.peninsula.com*

VICEROY HOTEL **[130 C6]**
Boutiquehotel, einen Katzensprung vom Wellenrauschen und von Downtown Santa Monica. Vintage-Möbel: einladend, hip. *168 Zi.* | *1819 Ocean Ave./Pico Blvd.* | *Santa Monica* | *Tel. 1-310-451-87 11* | *www.viceroysantamonica.com*

Exklusiver Blick von der Dachterrasse: Hotel Mondrian

HOTELS €€

HOTEL ANGELENO **[132 C1]**
Rundbau aus den 1960er-Jahren unterhalb des Getty Centers und direkt über dem Freeway I-405. Das frühere *Holiday Inn,* in dem die Zimmer den Grundriss von Tortenstücken haben, ist nach umfangreicher Renovierung ein Designhotel. Pool mit Kamin und Cabanas. *209 Zi.* | *170 Church Lane/Sunset Blvd.* | *Brentwood* | *Tel. 1-310-476-64 11* | *www.hotelangeleno.com*

HOTELS €€

BEST WESTERN MARINA PACIFIC HOTEL AND SUITES [131 F6]
Nichtraucherhotel am Venice Boardwalk. Einige Zimmer mit Balkon zum Strand. *57 Zi., 35 Suiten | 1697 Pacific Ave./17th Place | Venice | Tel. 1-310-452-11 11 oder 1-800-786-77 89 | www.bestwestern.com*

BEVERLY TERRACE [134 A–B3]
Schickes Wohlfühlhotel. Jedes der 39 Zimmer ist unterschiedlich eingerichtet, einige im coolem Retrodekor mit Palmen, andere asiatisch mit Schmetterlingen und chinesischen Glücksbambusstengeln. Tropische Poollandschaft. *459 N. Doheny Dr. | Beverly Hills | Tel. 1-310-274-8141 | www.hotelbeverlyterrace.com*

>LOW BUDGET

- Ein Preisvergleich mit Hotel-Discountanbietern im Internet lohnt immer. Die größte Auswahl haben *www.hotwire.com*, *www.expedia.com* sowie *www.travelocity.com*. Bei *www.priceline.com* kann man Hotelzimmer ersteigern. Der Kunde legt den Preis fest, das Hotel entscheidet, ob er akzeptabel ist.
- Das *Orange Drive Manor Hostel* [130 A1] ist ein ehemaliges Hollywood-Landhaus, das zur Jugenderberge umfunktioniert wurde. Große Räume, Gemeinschaftsküche. Airport Shuttle. *25 Zi., Bett ab $ 20, Zi. ab $ 46 | 1764 N. Orange Dr./Hollywood Blvd. Hollywood | Tel. 1-323-850-03 50 | Fax 1-323-969-81 64 | orangedrivehostel.com*
- In den großen Hotels von Downtown, in denen überwiegend Geschäftsreisende absteigen, gibt es oft verbilligte Wochenendraten, z. B. im *Millenium Biltmore Hotel* [128 C4].

THE HOTEL CALIFORNIA [130 B6]
Das einzige preiswerte Hotel auf Santa Monicas Luxusmeile; buntes Surf-Dekor. *20 Zi. | 1670 Ocean Ave., südl. von Colorado Ave. | Tel. 1-866-571-00 00 (gebührenfrei), 1-310-393-23 63 | www.hotelca.com*

HOTEL CARMEL [130 B6]
Schlichte Räume, einige mit Meerblick. Frühstück nebenan im *Interactive Café;* Third Street Promenade um die Ecke. *96 Zi., 8 Suiten | 201 Broadway/2nd Street | Santa Monica | Tel. 1-310-451-2469, 1-800-445-8695 | www.hotelcarmel.com*

ELAN HOTEL MODERN [134 B3]
Preiswerte Eleganz in West Hollywood. Das Boutiquehotel wurde 2008 renoviert. *50 Zi. | 8435 Beverly Blvd. | West Hollywood | Tel. 1-323-685-6633 | www.elanhotel.com*

INN AT VENICE BEACH [132 C6]
Nur einen Block vom Strand, am ruhigeren, südlichen Ende von Venice Beach. Ideale Location für einen relaxten Strandurlaub, und um sich bei Spaziergängen durch die Venice Canals und den Yachthafen in Marina Del Rey unter die *locals* zu mischen. Einfache, moderne Zimmer, Frühstück inkl. *40 Zi. | 327 Washington Blvd. | Venice | Tel. 1-310-821-2557 | www.innatvenicebeach.com*

HOTEL LE PETIT [134 B3]
Neu renoviertes und charmantes Hotel im französischen Landhausstil am

Fuße der Berge von West Hollywood. Suiten mit Kamin, Balkon, Küche und extra großen Badezimmern. Salzwasserpool mit toller Aussicht auf dem Dach. *79 Zi. | 8822 Cynthis St./Larrabee St. | West Hollywood | Tel. 1-310-854-1114 | www.valadonhotel.com*

MILLENIUM BILTMORE HOTEL [128 C4]
Beaux-Arts-Bau von 1923 von den Architekten Shultze und Weaver, die auch das *Waldorf Astoria* in New York entworfen haben. Die Lobby wirkt wie ein spanischer Palast, der überdachte Pool wie ein römisches Bad. Im prachtvollen *Rendezvous Court* wird Nachmittagstee serviert. In den 1930er-Jahren Ort der Oscar-Verleihung. Hier wurden „The Fabulous Baker Boys" mit Michelle Pfeiffer und „Independence Day" gedreht. *627 Zi., 56 Suiten | 506 S. Grand Ave./ W. 5th St. | Downtown | Tel. 1-800-245-86 73 | www.thebiltmore.com*

Außen schmucklose 20er-Jahre-Blöcke, innen prunkvoll: das Millennium Biltmore Hotel

MAGIC CASTLE HOTEL [135 D2]
Modernisiertes Hotel in Hollywood, nur einen Block vom Chinese Theatre und 5 Min. von Universal City. Hotelgäste haben Zugang zum Zauberclub *Magic Castle* mit Dinner und Zaubershows in einer viktorianischen Villa in den Hügeln über dem Hollywood Boulevard. *40 Zi. und Suiten | 7025 Franklin Ave., zw La Brea/Highland Ave. | Tel. 1-323-851-0800 | www.magiccastlehotel.com*

THE SECRET GARDEN B&B [134 C2]
Pinkfarbene Villa voller Antiquitäten von 1923 in den Hollywood Hills,

unweit vom Chateau Marmont und Sunset Strip. Gourmetfrühstück inbegriffen. *5 Zi. | 8039 Selma Ave./ Laurel Canyon | Tel. 1-323-656-38 88 | www.secretgardenbnb.com*

Insider Tipp

THE STANDARD DOWNTOWN L.A. [128 C4]

Designhotel im Retrolook. Die Bar auf der Dachterrasse, umgeben von Wolkenkratzern, ist der coolste Hangout in Downtown. *207 Zi. | 550 S. Flower St. | Los Angeles | Tel. 1-213-892-80 80 | www.standardhotels.com*

SU CASA OCEANFRONT SUITES ★ [131 E6]

Modern eingerichtete Apartments direkt am Venice Boardwalk, von Sonnenschein durchflutet und mit frischer Meeresbrise. 2008 eröffnet. Alle Suiten haben Küchenzeilen, z. T. Balkon. Gourmet-Bio-Frühstück (inbegriffen) wird ins Zimmer gebracht. *12 Suiten | 431 Ocean Front Walk/ Paloma Ave. | Tel. 1-310-452-97 00 | www.sucasavenicebeach.com*

HOTELS €

BANANA BUNGALOW HOLLYWOOD [135 E2]

Hotel und *Hostel*. Schlafsäle mit je 4–6 Betten (ab $ 25), Gemeinschaftsküche, Internetanschluss, Bustransfer. *18 private Zi. ($ 69), 22 Dorms in Bungalows | 5920 Hollywood Blvd. | Hollywood | Tel. 1-323-469-25 00 | www.bananabungalow.com*

BAYSIDE HOTEL [130 C6]

Bescheidene Räumlichkeiten, aber nah am Strand und wenige Blocks von der Third Street Promenade. Einige Räume mit Küche. *45 Zi. (economy rooms ab $ 109 | 2001 Ocean Ave./Bicknell Ave. | Santa Monica | Tel. 1-310-396-60 00 | www.baysidehotel.com*

BEVERLY LAUREL MOTOR HOTEL [134 C3]

Seit über 40 Jahren Familienbetrieb; sauber, geräumige Zimmer, Pool. Der *Swingers Coffee Shop* ist beliebt bei Schauspielern, Models und Musikern. *52 Zi. | 8018 Beverly Blvd./*

Coole 60er-Jahre-Optik: The Standard Downtown

Laurel Blvd. | West Hollywood | Tel. 1-323-651-24 41

CASA MALIBU INN ON THE BEACH [0]

Insider Tipp

Motel mit Palmengarten und Privatstrand. Einige Zimmer haben Balkone überm Strand. *21 Zi. und Suiten | 22752 Pacific Coast Highway, südl. vom Malibu Pier | Tel. 1-800-831-08 58 oder 1-310-456-22 19*

FIGUEROA HOTEL [128 B5]

Designhotel wider Willen: marokkanische Motive in historischem Bau von 1925. Minimaler Komfort, aber liebevoll dekorierte Zimmer. *184 Zi., 6 Suiten | 930 S. Figueroa St. | Downtown | Tel. 1-213-627-89 71 | www.figueroahotel.com*

HIGHLAND GARDENS HOTEL [135 D5]

Ehemals *Hollywood Landmark Hotel*, Absteige von Rocklegenden wie Janis Joplin. Große Räume, Pool in tropischem Garten. Walk of Fame um die Ecke. Nichtraucherhotel. *70 Zi., 48 Suiten | 7047 Franklin Ave./Sycamore Ave. | Hollywood | Tel. 1-323-850-05 36, 1-800-404-54 72 | www.highlandgardenshotel.com*

HOLLOWAY MOTEL [134 B2]

Kein Komfort, typische Motelzimmer mit gemusterten Polyester-Tagesdecken, aber zentral gelegen zu den Nightlife-Hotspots. Frühstück, Parkplatz inbegriffen. Internet. *20 Zi. | 8465 Santa Monica Blvd. | West Hollywood | Tel. 1-323-654-24 54*

HOLLYWOOD ORCHID SUITES [130 B1]

Schmuckloser Bau, preiswerte Suiten in verschiedenen Größen. Zentrale Lage neben dem Hollywood & Highland Center, alle Sehenswürdigkeiten entlang des Hollywood Boulevard können zu Fuß erreicht werden. *40 Suiten | 1753 Orchid Ave./Franklin Ave. | Hollywood | Tel. 1-323-874-96 78 | www.orchidsuites.com*

HOSTELLING INTERNATIONAL [130 B6]

Für Reisende mit kleinem Geldbeutel. Third Street Promenade und Meer zu Fuß erreichbar. Schlafsäle mit je 10 Betten. 250 Betten ab $ 42 und 5 DZ à $ 113 (Pass vorzeigen). *1436 Second St., zw. Broadway/Santa Monica Blvd. | Tel. 1-800-909-47 76, 1-310-393-99 13 | www.hiayh.org/reservations/ebeds.htm*

RAMADA PLAZA HOTEL SUITES [134 B2]

Einer der besten Deals in West Hollywood: modernes Hotel auf der Ausgehmeile der Gay Community. Restaurants, Bars und Clubs in unmittelbarer Nachbarschaft. Beheizter Pool, Fitnessraum und Businesscenter. *176 Zi., 45 Suiten | 8585 Santa Monica Blvd. | West Hollywood | Tel. 1-310-652-64 00 | www.ramada.com*

SEA SHORE MOTEL [131 D6]

Einfache Zimmer, zentral gelegen an der Main Street, zwei Blöcke vom Strand. *19 Zi. mit Kitchenettes und 5 Suiten | 2637 Main Street | Santa Monica | Tel. 1-310-392-27 87 | www.seashoremotel.com*

VENICE BEACH SUITES [131 F6]

Mitten im verrückten Trubel von Venice Beach. 2000 renoviert. *27 Suiten | 1305 Ocean Front Walk/Westminster | Venice | Tel. 1-310-396-45 59 | www.venicebeachsuites.com*

SPIDERMAN UND MICKEY MOUSE

Die zahlreichen Vergnügungsparks von Los Angeles bieten Spaß für jedes Alter

Vom Blick hinter Filmkulissen über prähistorische Artefakte bis zu Raumfahrttechnologie gibt es in L.A. auch für kleine Besucher viel zu entdecken. Und im Zweifelsfall locken 115 km Strand mit Möglichkeiten zum Sandburgenbau oder eine Tour auf der längsten und aufregendsten Rollschuhbahn der Welt.

CALIFORNIA SCIENCE CENTER [136 A6]

Hier gibt es das Anlegemanöver eines Space Ship ebenso zu sehen wie Tess, die 4,50 m große Frau, die mit Videos, Sound- und Lichteffekten zeigt, wie der menschliche Körper funktioniert. Auf einem Hochseilrad kann jeder (für $ 3) 14 m über dem Boden radeln und die Gesetze der Schwerkraft erkunden. Im IMAX Theater ist die Leinwand sieben Stockwerke hoch und 28 m lang, die Filme sind „bigger than life". *Vorführungen tgl. 10–17 Uhr jeweils zur vollen Stunde, $ 7,50). Science Center tgl. 10 bis 17 Uhr | Eintritt frei, Parken $ 6 | Tel. 1-323-SCI-ENCE | 700 State Dr. (im Exposition Park) | www.casciencectr.org*

DISNEYLAND ★ [139 F5]

Von fern grüßt das Matterhorn aus dem *Magic Kingdom.* Willkommen in Disneyland, dem ersten Park (1954) von Walt Disney, Vater von Mickey Mouse & Co. Hier besteht Indiana Jones seine Abenteuer, während ein paar Straßen weiter Dornröschen im 100-jährigen Schlaf liegt. Es gibt verschiedene Erlebnisbereiche, z.B. *Adventureland,* das mit Dschungelfahrten und wilden Tieren lockt, *New Orleans Square* mit Dixiebands oder *Haunted Mansion* mit holografischen Geistern. Hier fliegt die Achterbahn *Space Mountain* durch den Sternenhimmel, dort kann man mit dem U-Boot die Tiefen des Meeres erkunden. Zur Hochsaison und an Feiertagen oft Wartezeiten. *Tel. 1-714-781-45 65 | 1313 S. Harbor Blvd. | Anaheim, südwestlich von Downtown auf der I-5 Süd, Ausfahrt Harbor Blvd. | www.disneyland.com*

LEGOLAND [0]

Hier kann man auf Safari durch einen Legodschungel gehen, auf Spielplätzen

> MIT KINDERN UNTERWEGS

aus Lego herumtollen, das Miniland USA (20 Mio. Legosteine!) besichtigen oder im *Bionicle Blaster* (Achterbahn) durch die Luft fliegen. Neu: *Knights Tournament* (eine Art Achterbahn). *Tel. 1-760-918-LEGO | One Lego Drive, Carlsbad, I-5 nach Süden, Ausfahrt Kanaan Rd. | www.legoland.com*

LOS ANGELES PARK ZOO [138 C2]

Der Zoo ist berühmt für die Aufzucht des California-Kondors. Auch über 2000 andere Tiere leben hier. Man kann auf Kamelen oder Elefanten reiten. Im Tierkindergarten werden die jüngsten Bewohner gezeigt. In einem Holzfällercamp leben 13 Schimpansen. *Eintritt $ 10 | tgl. 10–17 Uhr | 5333 Zoo Dr. | Griffith Park, 1-5/134 Fwy. | www.lazoo.org*

NATURAL HISTORY MUSEUM OF LOS ANGELES COUNTY [136 A6]

In dem riesigen Gebäude im Stil der spanischen Renaissance werden seit 1913 Dinosaurier, Vögel, Mineralien, das Leben der amerikanischen Ureinwohner, präkolumbische Kunst und der Welt größter Hai gezeigt. Die versteinerten Reptilien sind 290 Mio. Jahre alt. Im *Discovery Center* gibt es interaktive Displays für Kinder und einen Insektenzoo. Insider Tipp Die größte Attraktion sind die „kämpfenden Dinosaurier", lebensgroße Modelle, die z.T. aus echten Knochen zusammengesetzt wurden. *Mo–Fr 9.30–17, Sa/So 10–17 Uhr | $ 8 | Tel. 1-213-763-DINO | 900 Exposition Blvd., zw. Figueroa St./Vermont Ave. | www.nhm.org*

SIX FLAGS MAGIC MOUNTAIN UND HURRICANE HARBOR [0]

In den Achterbahnen kommen Adrenalinjunkies auf ihre Kosten. Den besten Thrill bietet *Scream:* Hier fällt man auf einem Stuhl im Sturzflug steil ab und wird dabei gedreht wie ein Korkenzieher. Für gemäßigtere Fahrten sorgt *Bugs Bunny World*. Nebenan *Hurricane Harbor* mit unzähligen Wasserrutschen. *Tel. 1-818-367-59 65 | 26101 Magic Mountain Pwy. | vom Golden State Fwy., I-5 North | Valencia | www.sixflags.com*

> IM WUNDERLAND DES SCHÖNEN SCHEINS

Downtown bietet Abwechslung, Beverly Hills gediegenen Luxus

Die Spaziergänge sind auf dem hinteren Umschlag und im Cityatlas grün markiert

1 KUNSTSPAZIERGANG DURCH DOWNTOWN L. A.

Skulpturen und Wandmalereien von Frank Stella, Robert Rauschenberg, Robert Graham und vielen anderen Künstlern finden Sie draußen und in den Lobbys der Häuser auf dem historischen Bunker Hill District mit seinen Wolkenkratzern, Parks, Springbrunnen und Kunstoasen. Dieses reine Businessviertel ist lediglich tagsüber belebt, besonders um die Mittagszeit. Dauer des Spaziergangs: mindestens 1 ½ Stunden.

Nach einem kleinen Bummel über den Grand Central Market *(S. 29)*, Ausgang Hill Street, steigen Sie neben dem vorübergehend stillgelegten Angels Flight (einer Seilbahn) gegenüber *(351 South Hill St.)* die Treppen zum Watercourt mit seinen Geschäften und Restaurants auf den Bunker Hill. Hier oben, umgeben von Skyscrapern, haben Sie einen herrlichen

Bild: Rodeo Drive, Beverly Hills

STADT SPAZIERGÄNGE

Blick auf Downtown, können über großzügige Plätze spazieren – mit öffentlichen Kunstwerken, die wie Riesenspielzeuge überall verstreut stehen und liegen. Auch die Eingangshallen der Wolkenkratzer offenbaren häufig ein luxuriöses Innenleben mit viel Kunst und architektonischen Spielereien. Sie stehen tagsüber für jedermann offen.

Die rote Steinpyramide des Architekten Arata Isozaki auf der linken Seite ist das **Museum of Contemporary Art** *(S. 30), 250 S. Grand Avenue*. Wenn die Zeit für den Museumsbesuch nicht reicht, werfen Sie auf alle Fälle einen Blick in den Museumsshop mit seinen ausgefallenen Artikeln. In nördlicher Richtung sehen Sie den weißen **Dorothy Chandler Pavilion** *(S. 90)* vom **Music Center** und die neue silberne **Walt Disney Concert Hall** *(S. 31, 91)*. Zurück in Richtung **Angels Flight** steigen Sie die Treppen hinunter, die

Insider Tipp

zum *Watercourt* führen, einer kühlenden Oase aus Granit und Stahl mit vielen Springbrunnen. Die meisten sind computergesteuert und „brechen“ zu unterschiedlichsten Zeiten aus: mit kleinen Fontänen oder mächtigen Wasserstrahlen. Am Grand Avenue Sidewalk entlang geht es hinüber zum **Wells Fargo Center**, das – wenn Sie den richtigen Blickwinkel haben – wie eine spitz zulaufende, flache Wand in den Himmel zu ragen scheint. Links davor steht eine schwarze, beeindruckende Skulptur aus bemaltem Aluminium und Stahl, *Night Sail* (1983–86) von Louise Nevelson. Besuchen Sie das **Wells Fargo History Museum**, *333 S. Grand Avenue*, mit der Skulptur *Le Dandy* von Jean Dubuffet (1973 bis 1982), überqueren Sie anschließend die Plaza und gehen die Western Steps hinunter. Auf der anderen Seite der Hope Street stehen Sie vor der Alexander-Calder-Skulptur **Four Arches** von 1974 *(333 S. Hope St.)*. In einer kleinen Grünanlage mit Bänken, kunstfertig angelegtem Bächlein und Wasserfall können Sie sich ausruhen und durch eine riesige Fensterfront die fitnessbegeisterten Angelenos beobachten, die sich im **Ketchum YMCA** auf Tretmühlen, Fahrrädern, Steps etc. in Form halten.

Auf der rechten Seite führt ein Fußgängerweg über die Flower Street zu den fünf Glastürmen des **Westin Bonaventure Hotels** *(S. 32)*. Erlauben Sie sich eine Fahrt mit einem der *Red Elevators*, und holen Sie sich in der gläsernen Fahrstuhlkabine einen kostenlosen Adrenalinkick. Zurück auf der Hope Street, kommen Sie zu den **Bunker Hill Steps**, der Spanischen Treppe von Los Angeles. Unten angekommen, stehen Sie direkt am Fuße des **Library Tower** mit seiner zierlichen Krone, der in Downtown von fast überall aus in ganzer Größe zu sehen ist. Auf der anderen Seite der Fifth Street liegt die **L.A. Central Public Library** *(S. 30)* mit dem pyramidenarti-

Die L.A. Central Public Library in Downtown

gen Turm, der das „Light of Learning“, das Licht des Lernens, darstellen soll. Zurück auf Grand Avenue, kommen Sie an *One Bunker Hill*, einem Gebäude aus Sandstein und Terrakotta, vorbei, das 1931 für die Edison Company (Elektrizitätswerk) gebaut wurde. Die Lobby glänzt in 17 verschiedenen Marmorarten und hat über 12 m hohe Wände. Überqueren Sie die Grand Avenue, und gehen Sie ins **Millennium Biltmore Hotel** *(S. 99)*. Durch den drei Stockwerke hohen, imposanten *Rendezvous Court* verlassen Sie das Hotel und kommen auf den **Pershing Square**, benannt nach General John Pershing (Erster Weltkrieg). Der älteste Park in Downtown hat ein Amphitheater für öffentliche Auftritte und viele moderne Skulpturen. Blickfang ist ein zehnstöckiger, lilafarbener Glockenturm mit einer pinkfarbenen Terrakottakugel *(zwischen 5th und 6th und Olive und Hill St.)*. Zum Abschluss können Sie sich im **International Jewelry Center** *(550 S. Hill St.)* in einer basarähnlichen Atmosphäre von Gold und Geschmeide blenden lassen. Von hier sind es zweieinhalb Blocks geradeaus die Hill Street hoch in Richtung Third Street, bis Sie wieder beim **Angels Flight** angekommen sind.

Insider Tipp

2 AUF DEN SPUREN DER SCHÖNEN & REICHEN DURCH BEVERLY HILLS

Hier scheint das Geld buchstäblich auf der Straße zu liegen. Jaguar, Rolls Royce, Mercedes und BMW kreuzen langsam durch die Straßen, teure Edelboutiquen der großen Designer und Juweliere wie Bijan, Hermès, Gucci, Chanel, Valentino, Tiffany's, Bulgari, Cartier, Dior, Ralph Lauren, Armani reihen sich aneinander, und in den ruhigen, baumbeschatteten Nebenstraßen liegen die edlen Villen im Schönheitsschlaf. Dauer des Spaziergangs: mindestens 2 Stunden.

Beginnen Sie Ihre Tour am **Beverly Hills Visitors Bureau**, *239 S. Beverly Drive*, zwischen Wilshire und Charleville Boulevard. Parken können Sie in einem der vielen Parkhäuser, in einigen sind die ersten zwei Stunden frei. Beverly Drive mit seinen Shops und Restaurants ist schon für sich einen Bummel wert. Nördlich, also links, steht auf der Nordostecke des Beverly Drive/Wilshire Boulevard ein Tempel mit imposantem Zwiebelturm. 1925 als Filmtheater gebaut, fanden in diesem maurisch inspirierten Bau bis in die Vierzigerjahre hinein viele Filmpremieren statt. Heute gehört er der Israel Discount Bank.

Weiter auf dem Wilshire Boulevard kommen Sie in eins der teuersten Shoppingcenter der Welt, **Two Rodeo Drive**. Einige Geschäfte hier öffnen nur nach Verabredung. Steigen Sie die **Spanish Steps** zur Via Rodeo hinauf, einer auf alt gemachten Straße mit Kopfsteinpflaster, und bummeln Sie an edlen Geschäften und Straßencafés weiter zum Rodeo Drive und Dayton Way. Via Rodeo ist die erste Straße, die 1914 im neuen Beverly Hills angelegt wurde. In nördlicher Richtung, auf der anderen Straßenseite, ist *421 N. Rodeo Drive* mit der **Rodeo Collection**, entworfen von dem Architekten Oliver Vidal. In dieser futuristischen Shoppingmall aus pinkfarbenem Marmor finden Sie weitere hochpreisige Designerboutiquen. Gehen Sie ruhig in die Läden rein, die Verkäufer sind freundlich, und niemand wird Ihnen böse Blicke nachwerfen, weil Sie nur mal schauen wollen.

9501 Little Santa Monica Boulevard/Rodeo Drive steht das **Artists and Writers Building**. Das Gebäude im spanischen Kolonialstil wurde 1924 von dem Architekten Roy S. Price von Gable and Wyant gebaut. Noch heute haben viele Künstler und Autoren ihre kleinen Büros hier. Biegen Sie rechts in den Little Santa Monica Boulevard ein. Drei Blocks weiter, gegenüber der raumschiffartigen Tankstelle aus den Fünfzigerjahren und auf der südöstlichen Ecke von Crescent Drive, steht der Gebäudekomplex **Global Crossing** von Paul Williams. Die Häuser gruppieren sich um eine Plaza mit einem Originalbrunnen aus Florenz und griechischen Säulen. Weiter nördlich auf *Crescent Drive* sehen Sie schon den hohen, weißen Turm der **Beverly Hills City Hall**. Auf der anderen Straßenseite liegt das **Beverly Hills Post Office**: italienische Neorenaissance von 1933 mit Terrakotta und Mauersteinen, innen mit schönen Mosaiken und Wandmalereien.

Überqueren Sie den Santa Monica Boulevard, und Sie sind im Stadtpark, den **Beverly Gardens** von 1911. Diese Oase der Ruhe erstreckt sich über 14 Blocks. Westlich den Santa Monica Boulevard entlang, steht im Park an der Ecke Canon/Crescent Drive eine Bronzestatue mit einem Soldaten und zwei Jagdhunden von Henri Alfred Marie Jacquemart, **Hunter and Hounds**. Diese Statue stand ursprünglich nahe dem Château Thierry in Frankreich. Der Bankier W. D. Longyear, dessen Sohn im Ersten Weltkrieg nicht weit entfernt von diesem Ort gefallen war, erwarb das vom Kugelhagel durchlöcherte Kunstwerk und ließ es 1925 in seinem Garten in Beverly Hills aufstellen. Jedes Jahr zum *Armistice Day* (Waffenstillstandstag am 11. November 1918) hielt er hier eine Gedenkveranstaltung ab, bis die Familie Longyear aus Beverly Hills wegzog und die Statue der Stadt schenkte.

Auf *507 Rodeo Drive*, nördlich vom Santa Monica Boulevard, steht das **O'Neill House**, eins der schönsten Beispiele der Art-nouveau-Architektur in Los Angeles. Es ist jedoch in Privatbesitz und nicht zu besichtigen. In Richtung Carmelita Avenue teilt ein Mittelstreifen den Rodeo Drive – ein Überbleibsel von *DINKY,* einer kleinen Bahn, die 1914 den Santa Monica Boulevard, den Sunset Boulevard und das Beverly Hills Hotel verband. In den Zwanzigerjahren wurden die Schienen entfernt; was blieb, war ein Pfad für Pferde, die wiederum in den Dreißigerjahren aus der Stadt verbannt wurden.

Zurück auf dem Santa Monica Boulevard, gehen Sie westlich zum *Camden Drive*, wo Sie die verschiedensten Kakteen bewundern können. Der **Cactus Garden** erstreckt sich über den gesamten Block zwischen Camden und Bedford Drive und ist mit schönen, den Jahreszeiten entsprechenden Blumen aufgelockert. Weiter in Richtung Wilshire Boulevard, sprüht an der Ecke der **Electric Fountain** Wasser in die Luft. 1930 für $ 1000 gebaut, wurde er vom Beverly Hills Women's Club gespendet. Die Statue auf dem Brunnen stellt einen indianischen Regenmacher *(Indian rain* *prayer)* und das Fries mit den Figuren am Rand die frühe Geschichte Kaliforniens dar. Der vielstöckige Bau gegenüber, an der nordwestlichen Ecke der Kreuzung Wilshire/ Santa Monica Boulevard, ist das **Beverly Hilton Hotel**. Hier werden alljährlich die begehrten Golden Globe Awards vergeben.

Gen Osten, auf *9830 Wilshire/ Little Santa Monica Boulevard*, kommen Sie zu einem der aufregendsten neuen Gebäude der Stadt, der **Creative Artists Agency**, erbaut 1989 von dem weltbekannten Architekten I. M. Pei. Hier residieren die Staragenten, die für ihre berühmten Klienten wie Robert DeNiro, Madonna, Meryl Streep, Barbra Streisand, Brad Pitt, Paul Newman, Tom Cruise u.a. die Millionengagen aushandeln. Allein die Eingangshalle ist schon beeindruckend – ein Meisterwerk aus Marmor und Glas. Das Zentrum bildet ein riesiges Original des Popart-Künstlers Roy Lichtenstein.

Nun wird es Zeit für einen kleinen Kaufhausbummel: Auf dem Wilshire Boulevard finden Sie auf der *Department Store Row* u. a. Neiman Marcus, Saks Fifth Avenue und Barneys New York. Nicht weit davon steht das **Regent Beverly Wilshire Hotel**, weltbekannt aus der Kult-Filmromanze „Pretty Woman“ mit Julia Roberts und Richard Gere. Gehen Sie ruhig hinein, und gönnen Sie Ihren Füßen eine wohl verdiente Ruhepause. Setzen Sie sich zum Afternoon Tea in die Lobby Lounge.

Insider Tipp

Hotellegende auf dem Wilshire Boulevard: The Regent Beverly Wilshire

EIN TAG IN LOS ANGELES

Action pur und einmalige Erlebnisse.
Gehen Sie auf Tour mit unserem Szene-Scout

SURFING USA 8:00

Perfekter kalifornischer Start in den Tag: eine Surfstunde in Santa Monica. Also rauf aufs Brett – der Profi zeigt, wie's geht. **WO?** *Learn to Surf, 1750 Appian Way | Tel. 1-310-663-24 79 | Kosten: $120 | www.learntosurfla.com*

10:00 OFENFRISCH

Hunger bekommen? Den leeren Magen füllt man am besten mit ofenfrischen Bagels und Cinnamon Rolls von *Panera Bread*. Tipp: Kaffee und Leckereien einpacken und am Strand schmecken lassen! **WO?** *501 Wilshire Blvd. | Tel. 1-310-566-30 80*

SHOPPING-ABENTEUER 10:30

Auf der Suche nach ausgefallenen Shirts, schicken Kleidern oder trendigen Schuhen? Die Shoppingprofis zeigen die besten Adressen und angesagtesten Designer der Melrose Heights. Klar, dass man auch einen Blick in die Lieblingsboutiquen der Stars wirft. **WO?** *Urban Shopping Adventures | Reservierung unter Tel. 1-213-683-97 15 | Kosten: $45 pro Person/3 Std. | www.urbanshoppingadventures.com*

13:45 F(R)ISCHEKICK

Beliebter Lunch bei L.A.s gesundheitsbewussten Hipstern: Sushi. Besonders lecker, frisch und günstig ist das bei *Sushi Go 55* in Little Tokyo. Wer alles durchprobieren möchte, macht mit dem Sushi Sampler nichts falsch. **WO?** *Sushi Go 55, 333 S. Alameda St. | Tel. 1-213-687-07 77 | www.sushigo55.com*

24 h

DOWNTOWN PER PODCAST

15:00

Bei der *Arts and Culture Podcast-Tour* geht es durch Downtown L.A., vorbei an 14 bedeutenden Kulturstätten wie der spektakulären *Walt Disney Concert Hall* von Stararchitekt Frank O. Gehry und dem *Museum of Contemporary Art*. Einfach Podcast und Plan runterladen, und schon kann's losgehen. Kamera nicht vergessen! **WO?** *Downtown Los Angeles | Download unter www.downtownlawalks.com*

17:30

VENICE BEACH BEI SONNENUNTERGANG

Venice Beach ist ein Mekka für Inliner. Das Motto: Sehen und gesehen werden. Also Rollerblades ausleihen und am Ocean Front Walk dem Sonnenuntergang entgegendüsen. **WO?** *Perry's Cafe, 2500 Ocean Front Walk | Tel. 1-310-864-32 90 | Kosten: $7 für 1 Std. | www.perryscafe.com*

EIN BISSCHEN SPASS MUSS SEIN

20:30

Jetzt wird es lustig! Eine Comedy Show steht auf dem Programm. Schon allein die Atmosphäre im legendären *Comedy Store* ist einen Besuch wert, noch witziger wird's, wenn lokale Größen auf einer der drei Bühnen ihr Können unter Beweis stellen. **WO?** *The Comedy Store, 8433 Sunset Blvd. | Tel. 1-323-650-62 68 | West Hollywood | Tickets: ab $15 | Mindestverzehr 2 Drinks | www.thecomedystore.com*

23:00

LATE DINNER & DRINKS

In der *J Lounge* trifft sich L.A.s Szene zu Gourmet-Cocktails und moderner mediterraner Küche. Auf zwei Etagen feiern und speisen die Gäste im modernen Loftambiente mit Backsteinwänden und warmen Brauntönen. Es gibt z.B. geröstete Garnelen in Cognac-Chipotle-Butter an Kräuter-Risotto-Kuchen und Spaghetti-Kürbis. Dazu schmeckt ein Gurken-Martini oder Mango-Mojito. Auf der Terrasse mit Feuerstelle spielen meist Musiker. **WO?** *1119 S. Olive St. | Tel. 1-213-746-77 46 | www.jloungela.com*

> IN DIE OASE ODER AUF DIE INSEL?

Mit dem Auto in die Wüstenstadt Palm Springs oder mit der Fähre zur „Kaugummi-Insel" Santa Catalina

1 PALM SPRINGS

Trockenes Wüstenklima, Sonnenschein und heiße Quellen brachten bereits in den 1930er-Jahren Filmstars aus dem nahen Hollywood in die damals noch kleine Wüstenstadt. Heute erholen sich hier die Rich & Famous in luxuriösen Hotelanlagen oder in opulenten Ferienhäusern. Palm Springs ist mit über 100 Plätzen ein Golfparadies, die Region zudem das größte Dattelanbaugebiet der Welt: 95 Prozent aller Datteln, die von den USA exportiert werden, wachsen hier. Es gibt Spas und Einkaufsmöglichkeiten, gute Restaurants und Freizeitangebote von Tennis, Wandern, Radfahren, Reiten und Skilaufen über Wüstentouren im Jeep bis zu Felsklettern. Hauptsaison ist Oktober bis Mai (20–32 Grad), danach wird es heiß (40 Grad und mehr). Anfahrt von L. A. 172 km, ca. 2,5–3 Stunden, je nach Verkehrslage.

Bild: Casino in Avalon, Santa Catalina Island

AUSFLÜGE & TOUREN

Fahren sie auf dem I-10 gen Osten, durch die endlosen Vororte von L.A., die zu einem lückenlosen Geflecht aus Häusern und modernen Mega-Malls zusammengewachsen sind. Kurz vor Palm Springs öffnet sich endlich die Wüstenlandschaft, nun geht es durch Berge und Sand und kurz vor dem Ziel durch Windfarmen, wo sich mehr als 4500 Windräder auf hohen Masten drehen. Folgen sie den Schildern, die Sie direkt auf den North Palm Canyon Drive, die Hauptstraße von Palm Springs, führen. Im **El Paseo**-Einkaufsdistrikt finden Sie über 150 Läden vor: Boutiquen, Kunstgalerien und Restaurants. Ein klimatisches Kontrastprogramm ist die Fahrt mit der Seilbahn Insider Tipp auf den 2595 m hohen **Mount San Jacinto**, wo fast das ganze Jahr über Schnee liegt *(Tickets ab $22 | Tramway Road, Ausfahrt vom I-111 | www.pstramway.com)*.

Im botanischen Garten **The Living Desert** kann man Wüstentiere wie Wildkatzen, Wölfe und Kojoten, Insekten, Schlangen, Eulen, Adler und den allen Zeichentrickfreunden bekannten Laufvogel Roadrunner hautnah erleben *(Eintritt $ 12 | 47900 Portola Ave. | Palm Desert | vom I-111 südlich auf die Portola Ave., 1,5 Meilen lang den Schildern folgen)*.

Im **Coachella Valley** wurden in den 1920er-Jahren aus dem Nahen Osten importierte Dattelpalmen angepflanzt. In den **Shields Date Gardens** kann man viel über den Anbau der Palmen lernen und Dattelprodukte kaufen *(tgl. 9–17 Uhr | Eintritt frei | 80225 Hwy. I-111 | Indio)*.

Der weitläufige ★ **Joshua Tree National Park** *(tgl. | Eintritt $ 15 | www.nps.gov/jotr/)* beeindruckt mit natürlich gewachsenen Kaktusgärten und bizarren Felsformationen. Mehr als 1000 Jahre alte Joshua Trees strecken ihre Zweige wie betende Arme gen Himmel. Entlang der Straßen durch den Park gibt es leicht zugängliche kürzere und längere Wanderstrecken, sowie Klettermöglichkeiten.

Auskunft: Palm Springs Visitor Information | Tel. 1-800-347-7746 | 2781 N. Palm Canyon Dr.

2 SANTA CATALINA ISLAND

Die Insel liegt 26 Meilen vor dem Festland und bietet sich für einen Tagesausflug per Fähre oder Hubschrauber an. Wenn Sie Glück haben, sehen sie auf der Überfahrt Delphine und sogar Wale. Das dünn besiedelte Catalina Island, auf der elektrische Golf Carts neben Booten das Hauptverkehrsmittel sind, hat zwei kleine Hafenstädte, einen großen Naturpark mit wilden Büffeln und zahlreiche Möglichkeiten für Wassersport.

Die Fähren legen in **Avalon** an, das in den 1920er-Jahren als Partystadt vor der Küste boomte. Kaugummi-Milliardär William Wrigley Jr. hatte Anfang des 20. Jhs. ganz Catalina gekauft und das Inselparadies zu einem Ausflugsziel gemacht. Die Promenade lädt zum Bummeln ein. Am Ende der Hafenbucht steht das elegante **Art-déco-Casino** *(tgl. Führungen | Casino Way/St. Catherine Way)*. Den Rest der Stadt können Sie gut auf eigene Faust im gemieteten Golf Cart erkunden. Am Fähranleger und in der Nähe von Hotels gibt es reichlich Mietstationen *($ 30/Std.)*. Oder Sie schließen sich sich einer Tour von *Discovery Tours* an *(ab $ 16 | Tel. 1-800-322-3434 | www.visitcatalinaisland.com/avalon/Tours.php)*.

Anders als die verschmutzte Bucht von Los Angeles ist Santa Catalina von kristallklarem Wasser umgeben. Auch auf dem Wasser gibt es zahlreiche Ausflugstouren: Vom Rumpf der verglasten Semi-U-Boote aus wird der Pazifik zum Riesenaquarium. Die Fahrt führt durch magische Kelpwälder und bunte Fischschwärme. Im gemieteten Kajak erreicht man auch abgelegene Buchten mit einsamen Höhlen und Felsen, auf denen Seelöwen und Pelikane sitzen. Insider Tip

Wenn Sie einfach nur relaxen wollen, sind Sie im **Descanso Beach Club** genau richtig *(April–Okt. | Tel. 1-310-510-7410 | 150 Metropole Ave., neben dem Casino)*, der auch Kajaks und Schnorchelausrüstungen verleiht. **Catalina Divers Supply** *(Tel. 1-800-353-0330 | Filialen auf dem Pier* *oder am Casino Point)* vermietet Tauchausrüstungen und bietet Unterricht (auch für Anfänger) sowie Tauchausflüge an.

Für alle, die gut zu Fuß sind, gibt es zahlreiche Wanderpfade auf der Insel. Für deren Nutzung benötigen Sie allerdings ein (kostenloses) *Hiking Permit,* das Sie in Avalon bei *Santa Catalina Island Co.* bekommen *(tgl. 8.30–15.30 | Conservancy House | 125 Claressa Ave. | Tel. 1-310-510-2595 | www.visitcatalinaisland.com).*

Die Überfahrt nach Santa Catalina Island dauert mit der Fähre ca. 75 Min. Reservieren Sie Ihre Plätze im Voraus und bringen Sie Ihren Pass mit, der wird aus Sicherheitsgründen verlangt. Ab **Marina Del Rey [128 B4]** verkehrt der *Marina Del Rey Flyer ($85 Hin- und Rückfahrt | Tel. 1-310-305-7250 | 13737 Fiji Way/Fisherman's Village | www.catalinaferries.com).*

Ab **San Pedro** (zu erreichen über Harbor Fwy. 110 in Richtung Süden, Ausfahrt Harbor Boulevard, den Schildern zum Sea/Air Terminal, Berth 95 folgen) oder **Long Beach** (vom Fwy. I-5 auf den I-710 Richtung Süden; folgen Sie den Schildern zur „Queen Mary", die Sie zum *Catalina Express Port* bringen) setzen Sie mit dem mit *Catalina Express* über *($66.50 Hin- und Rückfahrt | Tel. 1-800-481-3470 | www.catalinaexpress.com).*

Schneller, aber natürlich auch teurer ist die Anreise mit dem Hubschrauber: Mit *Island Express* sind Sie in nur 14 Minuten auf der Insel *($168 pro Person | 1175 Queens Highway | Long Beach | www.islandexpress.com).* Alle Fahrten können auch *one-way* zum halben Preis gebucht werden; man kann Flug und Bootsfahrt kombinieren.

Auskunft: Catalina Island Visitors Bureau | Green Pleasure Pier (Mitte Crescent Ave.) | www.catalina.com

Joshua trees im gleichnamigen Nationalpark in Palm Springs

> VON ANREISE BIS ZOLL

Urlaub von Anfang bis Ende: die wichtigsten Adressen und Informationen für Ihre Reise nach Los Angeles

ANREISE

FLUGZEUG

Der Nonstopflug von Frankfurt/M. dauert ca. 11 ½ Stunden. In der Vor- und Nachsaison kosten Tickets ab 450 Euro, in der Hochsaison (zur deutschen Ferienzeit) ab 850 Euro. Am billigsten fliegen Sie mit *Air India (www.airindia.de)*, die dreimal die Woche nonstop von Frankfurt nach Los Angeles fliegt. *LTU* bietet ebenfalls billige Direktflüge.

Die Pass- und Zollkontrollen nach der Ankunft am *LAX (Los Angeles International Airport)* sind in der Regel zeitaufwendig. Ein Taxi nach Downtown kostet ca. $ 38, nach Santa Monica $ 25, nach Beverly Hills $ 30 *(alle plus $ 2,50 Flughafengebühr)*. Viele Hotels haben eigene Shuttlebusse. Wenn nicht, können Sie zwischen etlichen Kleinbusanbietern wählen, die Sie für $ 16 in alle großen Hotels bringen. Auf dem Rückweg zum Flughafen sollten Sie mindestens einen Tag vorher anrufen und buchen! *Super Shuttle | Tel. 1-800-258-3826 | www.supershuttle.com*

Busfahren ab LAX ist kompliziert und zeitaufwendig. Die blauen *Flyaway*-Busse holen Passagiere vor jedem Terminal ab und fahren direkt zur *Union Station* in Downtown *(30 bis 45 Min. | $ 4)*, von da aus geht es weiter mit der U-Bahn Richtung Hollywood oder mit lokalen Bussen. Die

PRAKTISCHE HINWEISE

Metrobusse (verschiedene kommunale Anbieter) fahren vom Transitcenter *(Parkplatz C)* ab, von den Terminals zu erreichen mit kostenlosen Shuttlebussen. Ab hier z.B. mit dem *MTA Expressbus 439* nach Downtown *(ca. 1 Std. 40 Min. | $1,85)*.

BUS

Der Greyhound Bus Terminal befindet sich Downtown L.A., Ecke 1716 E. 7th Street und Alameda.

BAHN

Amtrak-Züge kommen in der Union Station in Downtown L.A., 800 N. Alameda Street, an.

AUTO

Von Norden und Süden Anfahrt über den I-5 (Golden State Fwy.) und den I-405 (San Diego Fwy.). Von Westen über den I-101 (Ventura Fwy.) oder am Meer entlang auf dem Pacific Coast Highway 1 (PCH); von Osten über den I-10 (Santa Monica Fwy.).

AUSKUNFT VOR DER REISE

NONSTOP REISE GMBH

Eschersheimer Landstr. 220 | 60320 Frankfurt/M. | Tel. 069/5602600 | Fax 5602629 | www.nonstop-reisen.de

AUSKUNFT IN L.A.

NONSTOP TRAVEL

833 W. Torrance Blvd. | Suite 111 | Torrance/CA 90502 | Tel. 1-310-324-55 00, 1-800-949-63 62 | Fax 1-310-324-76 23 | www.nonstoptravel.net

Die *Visitors Bureaus* vor Ort sind meist Mo–Sa 8–17 Uhr geöffnet:

VISITORS INFORMATION CENTER L.A.

685 S. Figueroa, zw. Wilshire Blvd./W. 7th St. | Downtown | Tel. 1-213-689-88 22 | www.discoverlosangeles.com

BEVERLY HILLS VISITORS BUREAU

239 S. Beverly Dr., zw. Charleville Blvd./Gregory Way | Tel. 1-310-248-10 15 | www.beverlyhillsbehere.com

SANTA MONICA VISITORS CENTER

1400 Ocean Ave., zw. Santa Monica Blvd./Broadway | Tel. 1-310-393-75 93 | www.santamonica.com

WEST HOLLYWOOD CONVENTION AND VISITORS BUREAU

8687 Melrose Ave./San Vicente Blvd. | Tel. 1-310-289-25 25 | www.visitwesthollywood.com

DIPLOMATISCHE VERTRETUNGEN

DEUTSCHES GENERALKONSULAT

6222 Wilshire Blvd. | Suite 500 | Mo bis Fr 8–11, tel. 13.30–16, Fr bis 13.30 Uhr | Tel. 1-323-930-27 03 | Fax 1-323-930-27 03 | www.germanconsulate.org/losangeles

ÖSTERREICHISCHES GENERALKONSULAT

11859 Wilshire Blvd./Westgate | Suite 501 | Mo–Fr 10–13, tel. 9–17 Uhr |

Tel. 1-310-444-93 10 | Fax 1-310-477-98 97 | www.aneki.com/consulate/Austrian_consulate_los_angeles.html

GENERALKONSULAT DER SCHWEIZ
11766 Wilshire Blvd./Barrington | Mo–Fr 9–12 Uhr | Tel. 1-310-575-1145 | Fax 1-310-575-1982 | www.eda.admin.ch/losangeles_cg/e/home.html

EINREISE

Sie benötigen einen maschinenlesbaren Reisepass. Ein Visum ist nicht nötig, wenn Ihr Aufenthalt 90 Tage nicht überschreitet und Sie bei der Einreise ein Rückflugticket vorweisen können. Sie müssen sich aber vor Antritt der Reise im Internet unter *https://esta.cbp.dhs.gov* anmelden. Die aktuellen Einreisebestimmungen finden Sie unter *www.us-botschaft.de/germany-ger/visa/index.html*

> WAS KOSTET WIE VIEL?

> **CAPPUCCINO**	**3,50 EURO** im Café
> **CAESAR'S SALAD**	**AB 4,50 EURO**
> **HAMBURGER**	**AB 1 EURO** für die einfachste Version
> **WASSER**	**1,80 EURO** kl. Flasche Mineralwasser
> **BENZIN**	**2,50 EURO** für eine *gallon* (ca. 3,75 l)
> **TAXI**	**1,80 EURO** pro Meile, plus 2 Euro Grundgebühr

GELD

Ein Dollar ist unterteilt in 100 Cents. Scheine *(bills)* gibt es zu 1, 2 (selten), 5, 10, 20, 50 und 100 Dollar; die beiden Letzteren sind nicht sehr willkommen und werden im Taxi und in kleineren Geschäften meist nicht angenommen. Münzen *(coins)* sind zu 1 *(penny)*, 5 *(nickel)*, 10 *(dime)*, 25 *(quarter)* Cents im Umlauf. Ganz selten: *half* (50 Cents) und Silberdollar. Obwohl es einige wenige Restaurants und Läden gibt, die nur Bargeld *(cash)* akzeptieren, sind Kreditkarten das gebräuchlichste Zahlungsmittel. Damit bekommen Sie auch Geld am Automaten. Travellerschecks werden wie Bargeld behandelt. Informationen über Geldwechsel, Wechselkurse und das nächstgelegene Wechselbüro: *Tel. 1-800-287-73 62 (Thomas Cook Currency Services).*

INTERNET

Aktuelle Veranstaltungskalender findet man bei: *http://theguide.latimes.com/* | *www.experiencela.com/Calendar/*. Eher für das jüngere Publikum bietet *http://flavorpill.com/losangeles* Termine zu Galerie-Eröffnungen, Partys, Filmvorführungen, Konzerten und Avantgarde-Happenings in der Subkultur von L.A. Stadtzeitungen online, ebenfalls mit Veranstaltungskalender: *www.latimes.com* | *www.lamag.com* | *www.lacitybeat.com* | *www.laweekly.com*. Von der „L.A. Times“ außerdem eine nützliche Auswahl von Hotels mit Bewertungen und Links zu Direktbuchungen: *http://travel.latimes.com/destinations/los-angeles*. Es lohnen Preisvergleiche mit den Online-Agenturen *www.hotels.com* | *www.travelocity.*

com | www.expedia.com. Unter www.virtualtourist.com bewerten und kommentieren Reisende Hotels und Sehenswürdigkeiten, es gibt Warnungen vor Touristenfallen. Umfangreiche Service-Verzeichnisse für die Stadt: www.at-la.com | www.losangeles.citysearch.com. Bei www.opentable.com kann man Tische in den meisten Restaurants der Stadt reservieren. Die Adressen der Filmstars: www.hollywoodusa.co.uk/celebrity-homes.htm. Wetter: www.wunderground.com

INTERNETCAFÉS & WLAN

WLAN findet man in L.A. durchgängig, garantiert in den Hotels und in zahlreichen Cafés der Stadt. Die Ladenkette *FedEx Kinko's (Tel. 1-800-254-6567)* hat reichlich Computerplätze und ein Netz von Filialen in allen Stadtteilen.

KLIMA & REISEZEIT

Im Sommer ist es durchgängig heiß, im Winter milder und wechselhaft, es regnet auch mal. In Strandnähe ist es tendenziell kühler, nach Sonnenuntergang braucht man eine Jacke. Ganzjährig können Santa-Ana-Winde, eine Art Föhn, die Stadt mit trockener, heißer Luft füllen. Das Wüstenklima sorgt für extrem niedrige Luftfeuchtigkeit, viel Wasser trinken!

Wettervorhersage: Tel. 1-213-554-12 12, Wellenauskunft für Surfer: Tel. 1-310-457-97 01

MIETFAHRZEUGE

Mietwagen sollten Sie schon im Voraus in Deutschland buchen, da hier die Versicherung inklusive ist, wofür in den USA $ 12–20 pro Tag extra berechnet werden. Sie brauchen Ihren nationalen Führerschein und eine Kreditkarte. Sind Sie unter 24 Jahre, verlangen die Verleiher höhere Preise. Klären Sie mit Ihrem Kreditkartenträger, ob Sie den Schutz einer Diebstahl- und Unfallversicherung haben – in diesem Fall können Sie die Zusatzversicherung vor Ort weglassen und viel Geld sparen.

– *Alamo (Tel. 1-800-327-96 33)*
– *Avis (Tel. 1-800-331-12 12)*

WÄHRUNGSRECHNER

€	US$	US$	€
1	1,33	1	0,75
2	2,66	2	1,50
3	4,00	3	2,25
4	5,32	4	3,00
5	6,65	5	3,75
7	9,31	7	5,25
8	10,64	8	6,00
9	11,97	9	6,75
10	13,30	10	7,50

– *Budget (Tel. 1-800-227-71 17)*
– *Dollar (Tel. 1-800-800-40 00)*
– *Hertz (Tel. 1-800-654-31 31)*
– *National (Tel. 1-800-227-73 68)*
– *Thrifty (Tel. 1-310-645-18 80)*

Weitere Angebote für Autovermietungen finden Sie unter www.marcopolo.de. Wenn Sie sich den American Dream mit einer Harley Davidson erfüllen wollen: *Eaglerider (Tel. 1-800-501-86 87 | www.eaglerider.com)*, ab $ 50 pro Tag. Wohnmobile: *Motor Home Rentals (Tel. 1-800-478-50 40, 1-800-337-22 00)* hat auch deutschsprachige Agenten.

NOTARZT & NOTRUF

Notrufnummer: *Tel. 911*
Notaufnahme rund um die Uhr:

– *California Hospital Medical Center | 401 S. Grand Ave. | Downtown | Tel. 1-213-748-24 11*
– *UCLA Medical Center, auf dem UCLA-Campus in Westwood | Tel. 1-310-825-91 11*

Bei Zahnschmerzen hilft die *Los Angeles Dental Society (Tel. 1-213-380-76 69)*. Ärzte und Krankenhäuser müssen sofort bezahlt werden – entweder mit Kreditkarte oder in bar. Schließen Sie deshalb unbedingt eine Reisekrankenversicherung ab!

ÖFFENTLICHE VERKEHRSMITTEL

Telefonische Auskunft über Zug- und Busverkehr: *Tel. 1-800-266-68 83*. Alle Fahrten mit MTA-Bussen kosten $ 1,25. Halten Sie das Fahrgeld abgezählt bereit, da der Fahrer kein Geld rausgeben kann. Auskunft über Strecken und Zeitplan: *Tel. 1-213-626-44 55 | www.metro.net*

Der *Big Blue Bus* von Santa Monica verkehrt auf der gesamten Westside, fährt zum Flughafen und nach Downtown (*Tel. 1-310-451-54 44 | Mo–Fr 8–17 Uhr | www.bigbluebus.com)*. Der *Tide Shuttle* pendelt zwischen Hotels und örtlichen Sehenswürdigkeiten *(So–Do 12–22, Fr/Sa 12–24 Uhr)*. Eine Fahrt kostet 25 Cents.

In Downtown und inzwischen auch in anderen Stadtteilen von L.A. operiert der *DASH* (Downtown Area Short Hop) mit Minibussen für 25 Cents pro Fahrt *(www.ladottransit.com)*.

Auskunft über Zugverbindungen *(Amtrak): Tel. 1-800-872-72 45 | www.amtrak.com;* Greyhound-Busse: *Tel. 1-800-231-22 22 | www.greyhound.com*. Informationen für Busse, Metro Rail, Subway in Los Angeles und Santa Monica unter *www.experiencela.com/GA.html*.

WETTER IN LOS ANGELES

	Jan.	Feb.	März	April	Mai	Juni	Juli	Aug.	Sept.	Okt.	Nov.	Dez.
Tagestemperaturen in °C	17	18	21	22	23	25	28	28	28	25	23	19
Nachttemperaturen in °C	7	9	10	12	13	15	17	17	16	14	11	9
Sonnenschein Std./Tag	6	7	8	9	11	12	12	10	9	8	7	7
Niederschlag Tage/Monat	6	10	7	4	0	0	0	0	0	0	3	4
Wassertemperaturen in °C	12	12	13	14	16	17	19	22	20	18	16	14

PRAKTISCHE HINWEISE

PARKEN

Achten Sie darauf, immer genügend *Quarter* (25-Cent-Stücke) zur Hand zu haben. Lesen Sie die Schilder, auf denen Zeiten und Dauer angegeben sind! *Roter* Kantstein bedeutet: Parken nicht erlaubt, *weißer* oder *gelber* Kantstein: nur Be- und Entladen. Die meisten Restaurants und Clubs bieten *valet service:* Man überlässt den Wagen dem Personal. Beim Abholen wird $1 Trinkgeld erwartet.

STROM

110 Volt/60 Hertz. Steckdosenadapter bekommen Sie in einer der Filialen von *Radio Shack*.

TAXI

Taxis kann man nicht auf der Straße anhalten. Sie stehen am Bahnhof, am Flugplatz oder vor größeren Hotels. Am besten anrufen: *Yellow Cab (Tel. 1-877-733-33 05)* oder *L.A. Taxi (Tel. 1-800-451-37 94)*.

TELEFON & HANDY

Auskunft bekommt man unter der Nummer 411. Vorwahl nach Deutschland: *011-49*, nach Österreich: *011-43*, in die Schweiz: *011-41*. Telefonkarten können Sie in Postämtern und Supermärkten kaufen. Vorwahl in die USA: *001*.

Wer sein Handy mitnehmen möchte, sollte sich zu Hause bei seinem Provider über die aktuellen Bedingungen informieren.

VERKEHR

An der roten Ampel rechts abbiegen (allerdings erst nach einem kompletten Stopp!), sonst ertönt hinter Ihnen ein Hupkonzert. Fußgänger haben immer Vorfahrt. Kreuzung mit vier Stoppschildern: Wer zuerst kommt, hat Vorfahrt. Auf dem umfangreichen Freeway-System von L.A. (ca. 1300 km) ist die Höchstgeschwindigkeit 65 mph (= ca. 105 km/h), in Städten 35 mph (56 km/h), oft nur 25 mph (40 km/h). Achtung: Es wird rechts überholt, und Motorradfahrer dürfen sich überall durchschlängeln. Oft gibt es *carpool lanes*, separate Spuren für Autos mit zwei oder mehr Insassen, die durch eine Rhombe gekennzeichnet sind. Wer unter diese Kategorie fällt, muss an den Auffahrtampeln nicht warten.

ZEIT

Los Angeles liegt 9 Stunden hinter der Mitteleuropäischen Zeit (MEZ) zurück. Auskunft: *Tel. 1-310-853-12 12*. Zeitumstellung auf Sommer- bzw. Winterzeit am 1. So im April und am letzten So im Oktober.

ZOLL

Die Einfuhr von Lebensmitteln, Konserven, Pflanzen, Samen und Obst ist verboten. Zollfrei pro Person: 1 l Alkohol, 200 Zigaretten oder 50 Zigarren (nicht aus Kuba), 60 ml Parfüm, 250 ml Eau de Toilette und Geschenke im Wert von max. $ 100.

Bei der Heimreise dürfen Sie in die EU zollfrei einführen: Souvenirs im Wert von max. 430 Euro, 2 l Wein und 1 l Alkohohl mit über 22 Prozent, 200 Zigaretten oder 100 Zigarillos oder 50 Zigarren, 500 g Kaffee, 50 g Parfüm und 0,25 l Eau de Toilette. Deutschland, Österreich und die Schweiz verbieten die Einfuhr von Produkten, deren Material von geschützten Tieren stammt.

> DO YOU SPEAK AMERICAN ENGLISH?

„Sprichst du Englisch?" Dieser Sprachführer hilft Ihnen, die wichtigsten Wörter und Sätze auf Englisch zu sagen

Aussprache

Zur Erleichterung der Aussprache sind alle englischen Wörter mit einer einfachen Aussprache (in eckigen Klammern) versehen. Folgende Zeichen sind Sonderzeichen:

ə nur angedeutetes „e" wie in bitte
θ [s] gesprochen mit der Zungenspitze zwischen den Zähnen
' die nachfolgende Silbe wird betont

AUF EINEN BLICK

Ja/Nein	Yes [jäs]/No [nəu]
Vielleicht	Perhaps [pə'häps]/Maybe ['mäibih]
Bitte/Danke	Please [plihs]/Thank you ['θänkju]
Gern geschehen.	You're welcome. [joh 'wälkəm]
Entschuldigung!	Excuse me! [ikskjus mi]
Wie bitte?	I'm sorry? [ai'm sori]
Ich verstehe Sie/dich nicht.	I don't understand. [ai dəunt andə'ständ]
Können Sie mir bitte helfen?	Can you help me, please? ['kən ju 'hälp mi plihs]
Guten Tag!	Good morning! [gud 'mohning]/ evening! ['ihwning] (je nach Tageszeit)
Hallo, wie geht's?	Hi! How are you? [hai! hau ar ju?]
Wie ist Ihr/dein Name?	What's your name? [wots joh 'näim]
Mein Name ist …	My name is … [mai näim is]
Ich komme aus …	I'm from … [aim frəm]
… Deutschland.	… Germany. ['dschöhməni]
… Österreich.	… Austria. ['ohstriə]
… der Schweiz.	… Switzerland. ['switsələnd]
Auf Wiedersehen!	Goodbye! [,gud'bai]/Bye-bye! [,bai'bai]
Tschüss!	See you! [sih ju]/Bye! [bai]
Schönen Tag noch.	Have a nice day. ['həw a naiß däi]
Hilfe!	Help! [hälp]
Rufen Sie bitte …	Please call … ['plihs 'kohl]
… einen Krankenwagen.	… an ambulance. [ən 'ämbjuləns]
… die Polizei.	… the police. [θə pə'lihs]

UNTERWEGS

Bitte, wo ist …	Excuse me, where's … [iks'kjuhs 'mih 'weəs]

SPRACHFÜHRER ENGLISCH

… der Bahnhof?	… the train station? [θə träin 'stäischn]
… der Flughafen?	… the airport? [θə 'eəpoht]
… die (Bus-)Haltestelle?	… the (bus)stop? [θə (bas)stəp]
… die Autovermietung?	… the car rental station? [θə 'kahrentl stäischn]
Können Sie mir ein Taxi rufen?	Can you call a cab? ['kən ju 'kohl ə kəp]
Bus/Boot/Zug	bus [bas]/boat ['bout]/train [träin]
Wo kann ich einen Fahrschein kaufen?	Where can I buy a ticket? ['weə kən‿ai bai‿ə 'tikit]
Können Sie mir bitte sagen, wie ich nach … komme?	Could you tell me how to get to …, please? ['kud‿ju 'täl me hau tə gät tə ... plihs]
Gehen Sie geradeaus.	Go straight ahead. [gəu sträit 'əhäd]
Gehen Sie nach links/rechts.	Make a left/right. [mäik ə 'läft/'rait]
Erste/Zweite Straße links/rechts.	The first/second street on the left/right. [θə 'föhst/'säknd striht on θə 'läft/'rait]
nah/weit	near [niə]/far [fah]
Überqueren Sie …	Cross … ['kros]
… die Brücke.	… the bridge. [θə 'bridsch]
… den Platz.	… the square. [θə 'skweə]
… die Straße.	… the street. [θə 'striht]
Ich möchte … mieten.	I'd like to rent … [aid' laik tə rent]
… ein Auto …	… a car. [ə 'kah]
… ein Fahrrad/ein Boot …	… a bike. [ə 'baik]/… a boat. [ə 'bəut]
offen/geschlossen	open ['əupn]/closed [kləusd]
drücken/ziehen	push [pusch]/pull [pull]
Eingang/Ausgang	entrance ['äntrəns]/exit ['ägsit]
Wo sind bitte die Toiletten?	Where are the restrooms, please? ['weərə θə 'restrums plihs]
Damen/Herren	Ladies ['läidies]/Gentlemen ['dschäntlmən]

SEHENSWERTES

Wann ist das Museum geöffnet?	When is the museum open? ['wän is θə mju'siəm 'əupn]
Wann beginnt die Führung?	When does the tour start? ['wän das θə 'tuə 'staht]
Altstadt	the old town [θi‿'əuld 'taun]
Ausstellung	exhibition/show [,äksi'bischn/schou]
Gottesdienst	service ['söhwis]

Kirche	church [tschöhtsch]
Rathaus	city/town hall ['siti/'taun 'hohl]
Stadtplan	map of town ['mäp‿əw 'taun]
Stadtzentrum	town centre ['taun 'säntə]/ downtown [dauntaun]

DATUMS- & ZEITANGABEN

Montag	Monday ['mandäi]
Dienstag	Tuesday ['tjuhsdäi]
Mittwoch	Wednesday ['wänsdäi]
Donnerstag	Thursday ['θöhsdäi]
Freitag	Friday ['fraidäi]
Samstag	Saturday ['sätədäi]
Sonntag	Sunday ['sandäi]
heute/morgen	today [tə'däi]/tomorrow [tə'morəu]
täglich	every day ['äwri 'däi]/daily ['däili]
Wie viel Uhr ist es?	What time is it? [wot 'taim‿is‿it]
Es ist 3 Uhr.	It's three o'clock. [its 'θrih‿ə'klok]
Es ist halb 3.	It's half past two. [its 'hahf pahst tuh]
Es ist Viertel vor 3.	It's quarter to three. [its 'kwohtə tə 'θrih]
Es ist Viertel nach 3.	It's quarter past three. [its 'kwohtə pahst 'θrih]

ESSEN & TRINKEN

Die Speisekarte, bitte.	May I have the menu, please. ['mäi ai häw θə 'mänjuh plihs]
Ich nehme …	I'll have … [ail häw]
Bitte ein Glas …	A glass of …, please [ə 'glahs‿əw ... plihs]
Besteck	silverware ['silwerweə]
Messer/Gabel/Löffel	knife [naif]/fork ['fohk]/spoon ['spuhn]
Vorspeise	hors d'œuvre [oh'döhwr]/starter ['stahtə]
Hauptgericht	main course ['mäin 'kohs]/entrée [əntre]
Nachspeise	dessert [di'söht]
Salz/Pfeffer	salt [sohlt]/pepper ['päpə]
scharf	hot [hot]/spicy [spaisi]
Ich bin Vegetarier/in.	I'm a vegetarian. [aim a ,wädschi'teəriən]
Trinkgeld	tip [tip]
Die Rechnung, bitte.	May I have the check, please? ['mäi ai häw θə 'tschek plihs]

EINKAUFEN

Wo finde ich …	Where can I find … ['weə 'kən‿ai 'faind]
… eine Apotheke?	… a pharmacy? [ə 'famaßi]
… eine Bäckerei?	… a bakery? [ə bäikəri]
… ein Kaufhaus?	… a department store? [ə di'pahtmənt stoh]

… einen Markt?	… a market? [ə 'mahkit]
Haben Sie …?	Do you have …? [dju 'həw]
Ich möchte …	I'd like … [aid 'laik]
Ein Stück hiervon, bitte.	A piece of this, please. [ə pihs əw θis plihs]
Eine Einkaufstüte, bitte.	A bag, please. [ə bäg plihs]
Das gefällt mir (nicht).	I (don't) like it. [ai (dəunt) laik‿it]
Wie viel kostet es?	How much is it? ['hau 'matsch is it]
Nehmen Sie Kreditkarten?	Do you take credit cards? [du‿ju täik 'kräditkahds]

ÜBERNACHTEN

Ich habe bei Ihnen ein Zimmer reserviert.	I've reserved a room. [aiw ri'söhwd‿ə 'ruhm]
Haben Sie noch Zimmer frei?	Do you have any vacancies? [dju 'həw äni 'wäikənsis]
ein Einzelzimmer	a single room [ə 'singl ruhm]
ein Doppelzimmer	a double room [ə 'dabl ruhm]
mit Dusche/Bad	with a shower/bath [wiθ ə 'schauə/'bahθ]
Was kostet das Zimmer?	How much is the room? ['hau 'matsch is θə ruhm]
Frühstück	breakfast ['bräkfəst]

PRAKTISCHE INFORMATIONEN

Können Sie mir einen Arzt empfehlen?	Can you recommend a doctor? [kən ju ˌräkə'männd ə 'doktə]
Ich habe hier Schmerzen.	I've got pain here. [aiw got päin 'hiə]
Ich habe Durchfall.	I've got diarrhea. [aiw got daiə'reə]
Kinderarzt/Zahnarzt	pediatrician [ˌpihdiə'trischn]/dentist ['däntist]
Eine Briefmarke, bitte.	One stamp, please. [wan stämp 'plihs]
Wo ist bitte …	Where's … , please? ['weəs ... plihs]
… die nächste Bank?	… the nearest bank … [θə 'niərist 'bänk]
… der nächste Geldautomat?	… the nearest ATM … [θə 'niərist 'äitiem]

ZAHLEN

1	one [wan]	11	eleven [i'läwn]
2	two [tuh]	12	twelve [twälw]
3	three [θrih]	20	twenty ['twänti]
4	four [foh]	50	fifty ['fifti]
5	five [faiw]	100	a (one) hundred [ə ('wan) 'handrəd]
6	six [siks]	200	two hundred ['tuh 'handrəd]
7	seven ['säwn]	500	five hundred ['faiw 'handrəd]
8	eight [äit]	1000	a (one) thousand [ə ('wan) 'θausənd]
9	nine [nain]	1/2	a half [ə 'hahf]
10	ten [tän]	1/4	a (one) quarter [ə ('wan) 'kwohtə]

Flughafenrestaurant am L. A. Airport (LAX)

> UNTERWEGS IN LOS ANGELES

Die Seiteneinteilung für den Reiseatlas finden Sie auf dem hinteren Umschlag dieses Reiseführers

CITY ATLAS

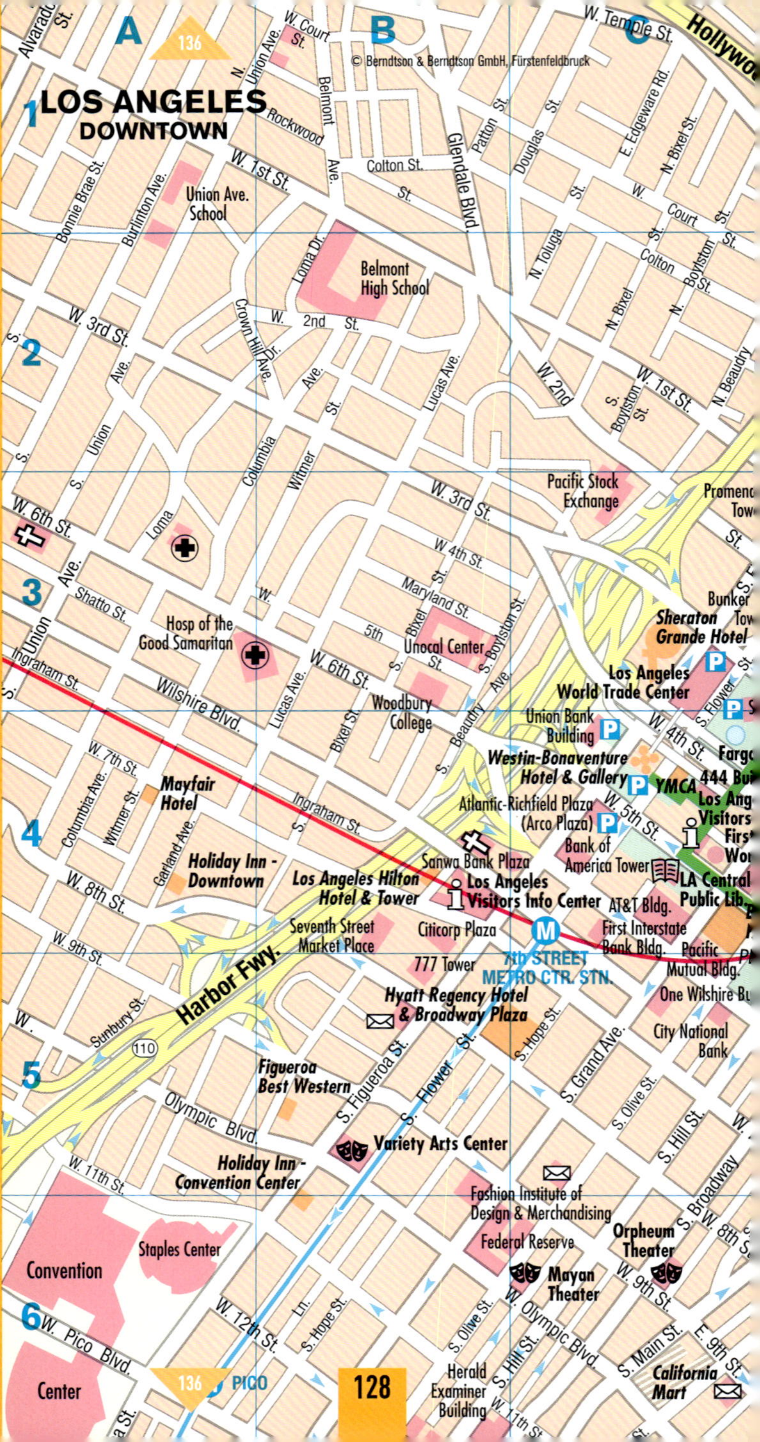

LOS ANGELES
DOWNTOWN
A
B
C
1
2
3
4
5
6
136
© Berndtson & Berndtson GmbH, Fürstenfeldbruck
W. Temple St.
Hollywood
Alvarado St.
W. Court St.
N. Union Ave.
Belmont Ave.
Rockwood
Colton St.
Glendale Blvd.
Patton St.
Douglas St.
E. Edgeware Rd.
N. Bixel St.
W. Court St.
Colton St.
N. Boylston St.
W. 1st St.
Union Ave. School
Bonnie Brae St.
Burlington Ave.
Loma Dr.
Belmont High School
N. Toluga
N. Bixel
W. 3rd St.
W. 2nd St.
Crown Hill Ave.
Lucas Ave.
W. 2nd
S. Boylston St.
W. 1st St.
N. Beaudry
S. Union Ave.
Columbia
Witmer St.
Pacific Stock Exchange
Promenade Tower
W. 3rd St.
W. 6th St.
Loma
W 4th St.
Maryland St.
Bunker Hill Tower
Sheraton Grande Hotel
Union Ave.
Shatto St.
Hosp of the Good Samaritan
W. 5th St.
S. Bixel St.
Unocal Center
S. Boylston St.
Los Angeles World Trade Center
Ingraham St.
W. 6th St.
Wilshire Blvd.
Lucas Ave.
Woodbury College
Bixel St.
S. Beaudry Ave.
Union Bank Building
S. Flower St.
W. 4th St.
Westin-Bonaventure Hotel & Gallery
YMCA
444 Building
W. 7th St.
Mayfair Hotel
Columbia Ave.
Witmer St.
Garland Ave.
Ingraham St.
Atlantic-Richfield Plaza (Arco Plaza)
W. 5th St.
Los Angeles Visitors
Holiday Inn - Downtown
Los Angeles Hilton Hotel & Tower
Sanwa Bank Plaza
Bank of America Tower
LA Central Public Lib.
W. 8th St.
Los Angeles Visitors Info Center
AT&T Bldg.
Seventh Street Market Place
Citicorp Plaza
First Interstate Bank Bldg.
Pacific Mutual Bldg.
W. 9th St.
Harbor Fwy.
777 Tower
7th STREET METRO CTR. STN.
One Wilshire Bu
Hyatt Regency Hotel & Broadway Plaza
S. Hope St.
S. Grand Ave.
City National Bank
Sunbury St.
110
Figueroa Best Western
S. Figueroa St.
S. Flower St.
S. Olive St.
S. Hill St.
Olympic Blvd.
Variety Arts Center
Holiday Inn - Convention Center
W. 11th St.
Fashion Institute of Design & Merchandising
S. Broadway
W. 8th St.
Orpheum Theater
Staples Center
Convention Center
Federal Reserve
Mayan Theater
W. 9th St.
W. Pico Blvd.
W. 12th St.
Ln.
S. Hope St.
S. Olive St.
W. Olympic Blvd.
S. Hill St.
S. Main St.
E. 9th St.
California Mart
136
PICO
Herald Examiner Building
W. 11th St.

D
E
F
1
2
3
4
5
6
CHINATOWN
Pacific Alliance Medical Center
ALPINE PARK
CHINATOWN
Pasadena Fwy.
Santa Ana Fwy.
101
110
HIST 66
137
N. Boylston St.
W. Sunset Blvd.
Beaudry Ave.
Centennial St.
College St.
W. College St.
Alpine St.
N. Hill St.
N. Broadway
W. Temple St.
N. Figueroa St.
Cesar E Chavez Ave.
N. Bunker Hill
N. Grand Ave.
N. Hill Pl.
Yale St.
Ord
Spring St.
PUEBLO DE LOS ANGELES STATE HISTORIC PARK
County Health Department Headquarters
County Health Building
N. Figueroa St.
Ahmanson Theater
High School
Mark Taper Forum
Board of Education
Department of Water & Power
Music Center
Cath. of our Lady of the Angels
Hall of Administration
Mission Church (Plaza Church)
Cesar E. Chavez Ave.
Olvera St.
Avila Adobe Museum
Gateway Center
Dorothy Chandler Pavilion
County Offices
Hall of Justice
Main St.
Pico House
Union Station
UNION STATION
Disney Hall
N. Grand
Courthouse
County Criminal Courts
Federal Courthouse
Los Angeles Children's Museum
S. Hope St.
Grand Ave.
N. Hill St.
Civic Center
Law Library
Federal Building & Post Office
Museum of Contemporary Art
S. Olive St.
CIVIC CENTER
City Hall
N. Spring St.
N. Los Angeles
Junipero Serra Building
City Hall East
California Plaza
W. 3rd
S. Hill St.
Times-Mirror Square
W. 1st St.
City Hall South
Parker Center
E. Temple St.
N. Alameda
Civic Center Law Bldg.
S. Spring St.
CalTrans
Million Dollar Theater
S. Broadway
Museum of the Temporary Contemporary
PERSHING SQUARE
Bradbury Building
S. Main St.
New Otani Hotel
Grand Central Market
S. Los Angeles St.
E. 2nd St.
Japanese American National Museum
Ronald Reagan State Office Building
S. San Pedro St.
E. 1st St.
Museum of Neon Art
W. 4th St.
E. 3rd St.
Little Tokyo
S. Central Ave.
S. Alameda St.
International Jewelry Center
Southern California Rapid Transit Headquarters
W. 5th St.
E. 4th St.
Wall St.
E. 2nd St.
E. 3rd St.
Winston St.
W. 6th St.
E. 5th St.
E. 4th Pl.
S. Main St.
S. Los Angeles St.
Maple Ave.
E. 6th St.
San Julian St.
Crocker St.
Towne Ave.
E. 4th St.
E. 7th St.
Wall St.
E. 5th St.
Los Angeles Flower Mart
S. San Pedro St.
Stanford Ave.
E. 5th St.
250 m
Santee St.
E. 8th St.
Crocker St.
E. 6th St.
E. 7th St.
Palmetto St.

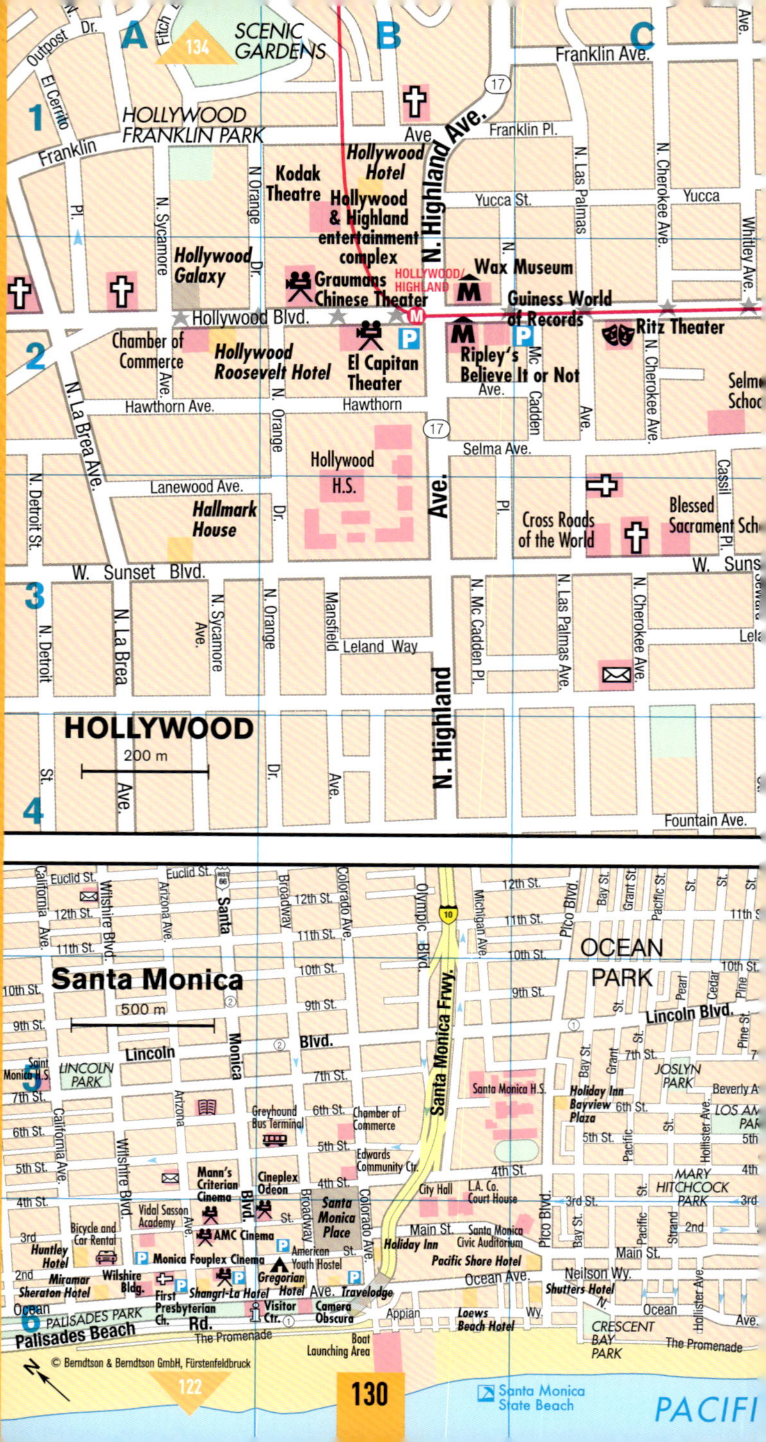

A
B
C
1
2
3
4
5
6
134
SCENIC GARDENS
HOLLYWOOD FRANKLIN PARK
Outpost Dr.
El Cerrito
Fitch
Franklin Ave.
Franklin Pl.
N. Highland Ave.
17
Kodak Theatre
Hollywood Hotel
Hollywood & Highland entertainment complex
Yucca St.
Yucca
N. Las Palmas
N. Cherokee Ave.
Whitley Ave.
N. Sycamore
N Orange Dr.
Pl.
Hollywood Galaxy
Graumans Chinese Theater
HOLLYWOOD/ HIGHLAND
Wax Museum
Guiness World of Records
Hollywood Blvd.
Ritz Theater
Chamber of Commerce
Hollywood Roosevelt Hotel
El Capitan Theater
Ripley's Believe It or Not
Mc Cadden
Selma School
N. La Brea Ave.
Hawthorn Ave.
Hawthorn
Selma Ave.
Hollywood H.S.
N. Detroit St.
Lanewood Ave.
Hallmark House
Cross Roads of the World
Blessed Sacrament School
Cassil Pl.
W. Sunset Blvd.
N. Detroit
N. La Brea
N. Sycamore Ave.
N. Orange
Mansfield
Leland Way
N. Highland
N. Mc Cadden Pl.
N. Las Palmas Ave.
N. Cherokee Ave.
HOLLYWOOD
200 m
St.
Ave.
Dr.
Fountain Ave.
Euclid St.
California Ave.
Wilshire Blvd.
Arizona Ave.
Santa Monica Blvd.
Broadway
Colorado Ave.
Olympic Blvd.
Michigan Ave.
Pico Blvd.
Bay St.
Grant St.
Pacific St.
10
12th St.
11th St.
10th St.
9th St.
OCEAN PARK
Santa Monica
500 m
Lincoln Blvd.
Santa Monica Frwy.
Pearl
Cedar
Pine St.
7th St.
Saint Monica H.S.
LINCOLN PARK
JOSLYN PARK
Santa Monica H.S.
Holiday Inn Bayview Plaza
Beverly Ave.
LOS AMIGOS PARK
6th St.
Greyhound Bus Terminal
Chamber of Commerce
5th St.
Edwards Community Ctr.
Hollister Ave.
4th St.
Mann's Criterian Cinema
Cineplex Odeon
City Hall
L.A. Co. Court House
MARY HITCHCOCK PARK
3rd St.
Vidal Sasson Academy
Santa Monica Place
Bicycle and Car Rental
AMC Cinema
Main St.
Santa Monica Civic Auditorium
Strand
2nd
Huntley Hotel
Monica Fouplex Cinema
American Youth Hostel
Holiday Inn
Pacific Shore Hotel
Main St.
Miramar Sheraton Hotel
Wilshire Bldg.
First Presbyterian Ch.
Shangri-La Hotel
Gregorian Hotel
Travelodge
Ocean Ave.
Neilson Wy.
Shutters Hotel
Ocean
PALISADES PARK
Palisades Beach Rd.
Visitor Ctr.
Camera Obscura
Appian Wy.
Loews Beach Hotel
CRESCENT BAY PARK
The Promenade
Boat Launching Area
© Berndtson & Berndtson GmbH, Fürstenfeldbruck
122
Santa Monica State Beach
PACIFI

D
E
F
Franklin Ave.
Franklin Ave.
135
101
2
Hollywood Fwy.
1
Grace Ave.
Cahuenga Blvd.
Yucca St.
Yucca St.
Yucca St.
Capitol Records Tower
The Palace
Vista
del Mar Ave.
Carlos Ave.
Carlos Ave.
N. Gower St.
N. Hudson Ave.
Wilcox Ave.
Ivar
Vine St.
Pantages Theater
Hollywood Blvd.
Walk
of
Fame
HOLLYWOOD/ VINE
Henry Fonda Theater
J. A. Doolittle Theater
Argyle
2
Carlton Way
N Hudson
Selma Ave.
Selma Ave.
Wilcox Ave.
Ivar
Morningside
ABC Vine St. Theater
Hollywood Palladium
Ave.
CBS Radio & TV
Labaig Ave.
Blvd.
W. Sunset Blvd.
N Hudson Ave.
Cahuenga Blvd.
Ave.
Ct.
Vine St.
Chamber of Commerce
Leland Way
Hollywood Com Hospital
Sunset Gower Studios
N.
3
Way
De Longpre Ave.
De Longpre
Ave.
Gower St.
Beachwood Dr.
ABC Studios
El Centro
Wilcox Ave.
Homewood Ave.
Homewood Ave.
Afton
Pl.
Fountain Ave.
Fountain Ave.
4

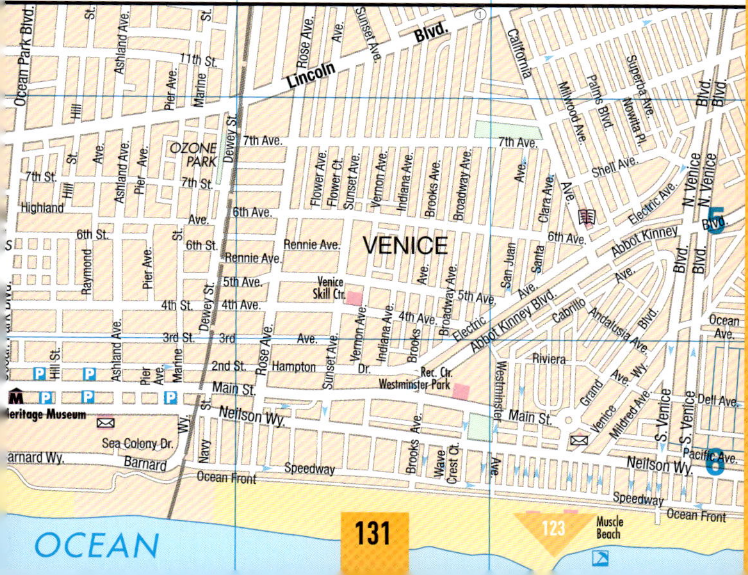
Ocean Park Blvd.
Ashland Ave.
11th St.
Pier Ave.
Marine
Hill
Lincoln Blvd.
Rose Ave.
Sunset Ave.
California
Milwood Ave.
Palms Blvd.
Superba Ave.
Nowita Pl.
OZONE PARK
Dewey St.
7th Ave.
7th Ave.
7th St.
7th St.
Highland
Flower Ave.
Flower Ct.
Sunset Ave.
Vernon Ave.
Indiana Ave.
Brooks Ave.
Broadway Ave.
Clara Ave.
Shell Ave.
Electric Ave.
N. Venice Blvd.
N. Venice Blvd.
5
6th Ave.
6th Ave.
6th St.
6th St.
Raymond
Pier Ave.
Rennie Ave.
Rennie Ave.
VENICE
Abbot Kinney Blvd.
San Juan
Santa
5th Ave.
5th Ave.
Venice Skill Ctr.
4th St.
4th Ave.
4th Ave.
3rd St.
3rd
Ave.
Vernon Ave.
Indiana Ave.
Broadway Ave.
Electric
Abbot Kinney Blvd.
Cabrillo
Andalusia Ave.
Ocean Ave.
Hill St.
Ashland Ave.
2nd St.
Hampton
Dr.
Rec. Ctr.
Westminster Park
Riviera
Grand
Mildred Ave.
Dell Ave.
Main St.
Main St.
Westminster
Heritage Museum
Neilson Wy.
Neilson Wy.
Sea Colony Dr.
Barnard Wy.
Barnard
Navy
Speedway
Speedway
Ocean Front
Ocean Front
Brooks Ave.
Wave Crest Ct.
S. Venice
S. Venice
Pacific Ave.
6
OCEAN
123
Muscle Beach

A
B
C
1
2
3
4
5
6
Rustic Canyon Park
Crestwood Hills Park
The Getty Center
San Diego Frwy.
W. Sunset Blvd.
405
S. Sepulveda Blvd.
Veteran Ave.
Topanga State Park
Sullivan Canyon
Mandeville Canyon
Brentwood
Bristol Ave.
W. Sunset Blvd.
Veterans
Will Rogers State Historic Park
W. Sunset Blvd.
Santa Monica Canyon
Riviera Country Club (Private)
Brentwood Country Club (Private)
San Vicente Blvd.
Administratio
Wilshire Blvd.
26th St.
Montana
S. Bundy Dr.
Santa Monica Blvd.
Douglas Park
Marguerita Ave.
South Cal. Institute of Architecture
SANTA MONICA
San Vicente Blvd.
7th St.
26th St.
Olympic Blvd.
Santa Monica Hosp.
HIST 66
Bergamot Station Arts Center
Palisades Park
Montana Ave.
Lincoln Park
Santa Monica Blvd.
Memorial Park
Santa Monica Frwy.
Pico Blvd.
Pearl St.
26th St.
23rd
Woodlawn Cemetery
Clover Park
Santa Monica State Beach
Palisades Beach Rd.
Wilshire Blvd.
7th St.
Lincoln Blvd.
Olympic Blvd.
10
Santa Monica College
Museum of Flying
Santa Monica Place
Camera Obscura
City Hall
L.A. Co. Court House
Pearl St.
Ocean Park Blvd.
Santa Monica Municipal Pier
Pico Blvd.
Civic Auditorium
Loew's Santa Monica
Penmar Golf Course
Santa Monica Bay
Neilson Wy.
Heritage Museum
Ocean Park
Lincoln Blvd.
Penmar Ave.
Venice
Pacific Ave.
Palms Blvd.
PACIFIC OCEAN
Venice Pavilion
N. Venice Blvd.
S. Venice Blvd.
Washington St.
Pacific Ave.
1 km
© Berndtson & Berndtson GmbH, Fürstenfeldbruck

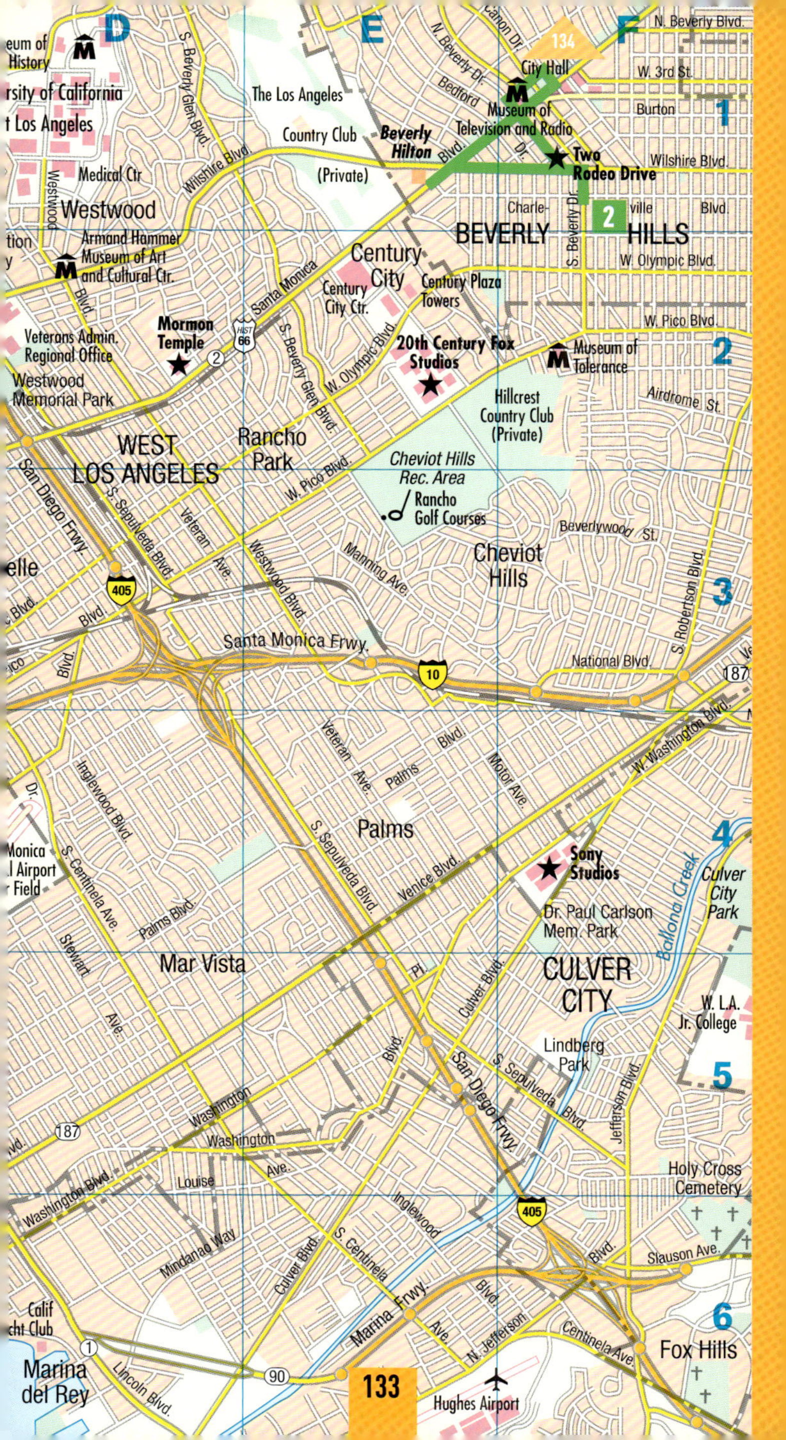
D
E
F
1
2
3
4
5
6
134
N. Beverly Blvd.
W. 3rd St.
Burton
Wilshire Blvd.
City Hall
Museum of Television and Radio
Two Rodeo Drive
Beverly Hilton
Bedford
N. Beverly Dr.
Canon Dr.
Dr.
Blvd.
The Los Angeles Country Club (Private)
Westwood
Medical Ctr
Wilshire Blvd.
S. Beverly Glen Blvd.
BEVERLY HILLS
Charleville Blvd.
S. Beverly Dr.
W. Olympic Blvd.
W. Pico Blvd.
Century City
Century City Ctr.
Century Plaza Towers
Armand Hammer Museum of Art and Cultural Ctr.
Santa Monica
HIST 66
2
Mormon Temple
Veterans Admin. Regional Office
Westwood Memorial Park
20th Century Fox Studios
Museum of Tolerance
W. Olympic Blvd.
S. Beverly Glen Blvd.
Hillcrest Country Club (Private)
Airdrome St.
WEST LOS ANGELES
Rancho Park
W. Pico Blvd.
Cheviot Hills Rec. Area
Rancho Golf Courses
Beverlywood St.
Cheviot Hills
Manning Ave.
San Diego Frwy.
S. Sepulveda Blvd.
Veteran Ave.
Westwood Blvd.
405
S. Robertson Blvd.
Santa Monica Frwy.
10
National Blvd.
187
W. Washington Blvd.
Inglewood Blvd.
Veteran Ave.
Palms Blvd.
Motor Ave.
Palms
S. Sepulveda Blvd.
Venice Blvd.
Sony Studios
Dr. Paul Carlson Mem. Park
Ballona Creek
Culver City Park
Monica Airport Field
S. Centinela Ave.
Palms Blvd.
Stewart Ave.
Mar Vista
Pl.
Culver Blvd.
CULVER CITY
W. L.A. Jr. College
Lindberg Park
San Diego Frwy.
S. Sepulveda Blvd.
Jefferson Blvd.
Washington
Washington
187
Louise Ave.
Washington Blvd.
Holy Cross Cemetery
Mindanao Way
Culver Blvd.
S. Centinela
Inglewood Blvd.
405
Slauson Ave.
Marina Frwy.
N. Jefferson
Centinela Ave.
Fox Hills
Calif Yacht Club
1
Marina del Rey
Lincoln Blvd.
90
Hughes Airport

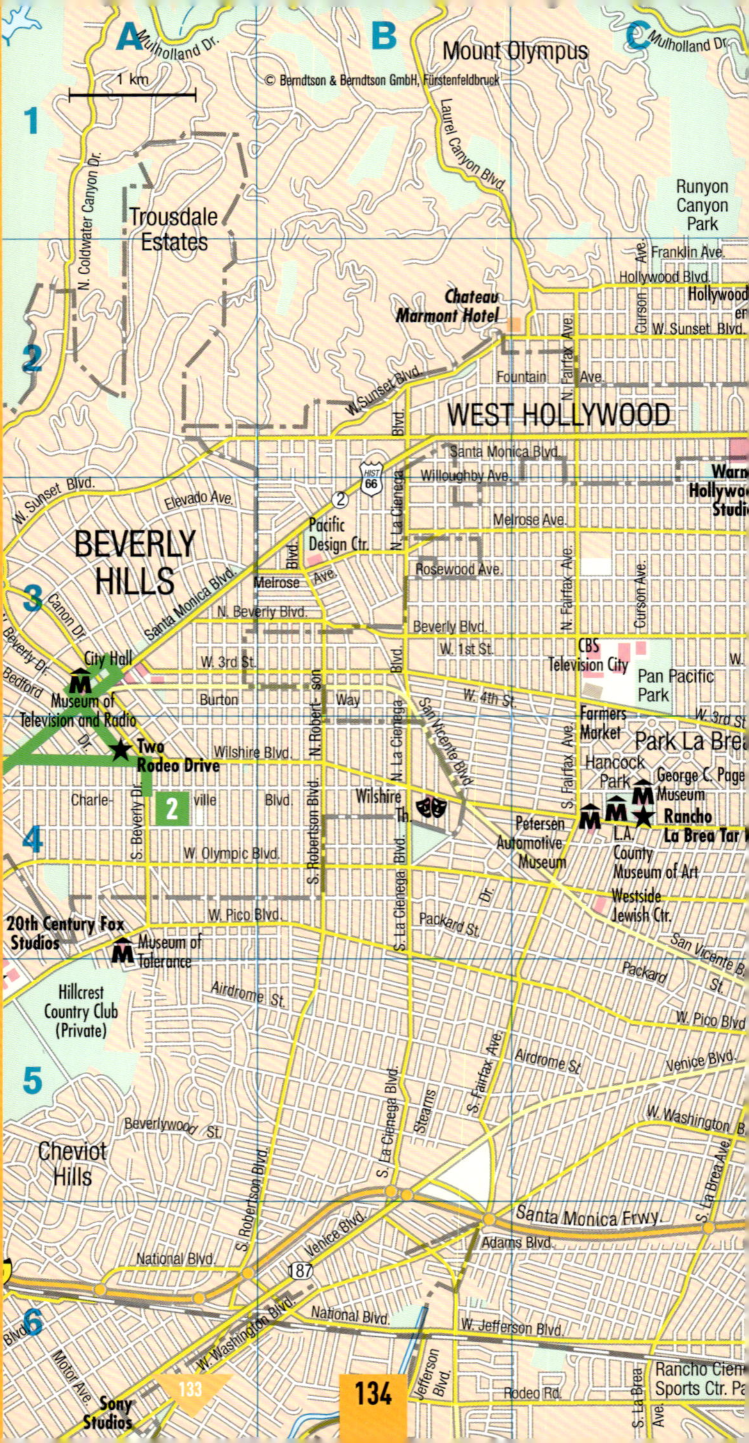
A
B
C
1
2
3
4
5
6
1 km
© Berndtson & Berndtson GmbH, Fürstenfeldbruck
Mulholland Dr.
Mount Olympus
Laurel Canyon Blvd.
Runyon Canyon Park
Franklin Ave.
Hollywood Blvd.
N. Coldwater Canyon Dr.
Trousdale Estates
Chateau Marmont Hotel
Hollywood
W. Sunset Blvd.
Curson Ave.
N. Fairfax Ave.
Fountain Ave.
WEST HOLLYWOOD
Santa Monica Blvd.
Willoughby Ave.
Warner Hollywood Studios
W. Sunset Blvd.
Elevado Ave.
HIST 66
2
Melrose Ave.
BEVERLY HILLS
Pacific Design Ctr.
N. La Cienega Blvd.
Rosewood Ave.
Canon Dr.
Santa Monica Blvd.
Melrose Ave.
N. Beverly Blvd.
Beverly Blvd.
W. 1st St.
CBS Television City
Beverly Dr.
Bedford Dr.
City Hall
W. 3rd St.
Pan Pacific Park
Museum of Television and Radio
Burton Way
W. 4th St.
Farmers Market
W. 3rd St.
Park La Brea
San Vicente Blvd.
Two Rodeo Drive
Wilshire Blvd.
N. Robertson Blvd.
Hancock Park
George C. Page Museum
Charleville Blvd.
S. Beverly Dr.
2
Wilshire Th.
S. Fairfax Ave.
Rancho La Brea Tar Pits
Petersen Automotive Museum
L.A. County Museum of Art
W. Olympic Blvd.
S. Robertson Blvd.
S. La Cienega Blvd.
Westside Jewish Ctr.
W. Pico Blvd.
Packard St.
20th Century Fox Studios
Museum of Tolerance
San Vicente Blvd.
Packard St.
Airdrome St.
Hillcrest Country Club (Private)
W. Pico Blvd.
Airdrome St.
Venice Blvd.
S. La Cienega Blvd.
Stearns Dr.
S. Fairfax Ave.
W. Washington Blvd.
Beverlywood St.
Cheviot Hills
S. La Brea Ave.
S. Robertson Blvd.
Santa Monica Frwy.
Adams Blvd.
Venice Blvd.
National Blvd.
187
National Blvd.
W. Jefferson Blvd.
W. Washington Blvd.
Motor Ave.
Jefferson Blvd.
133
Rodeo Rd.
Rancho Cienega Sports Ctr.
S. La Brea Ave.
Sony Studios

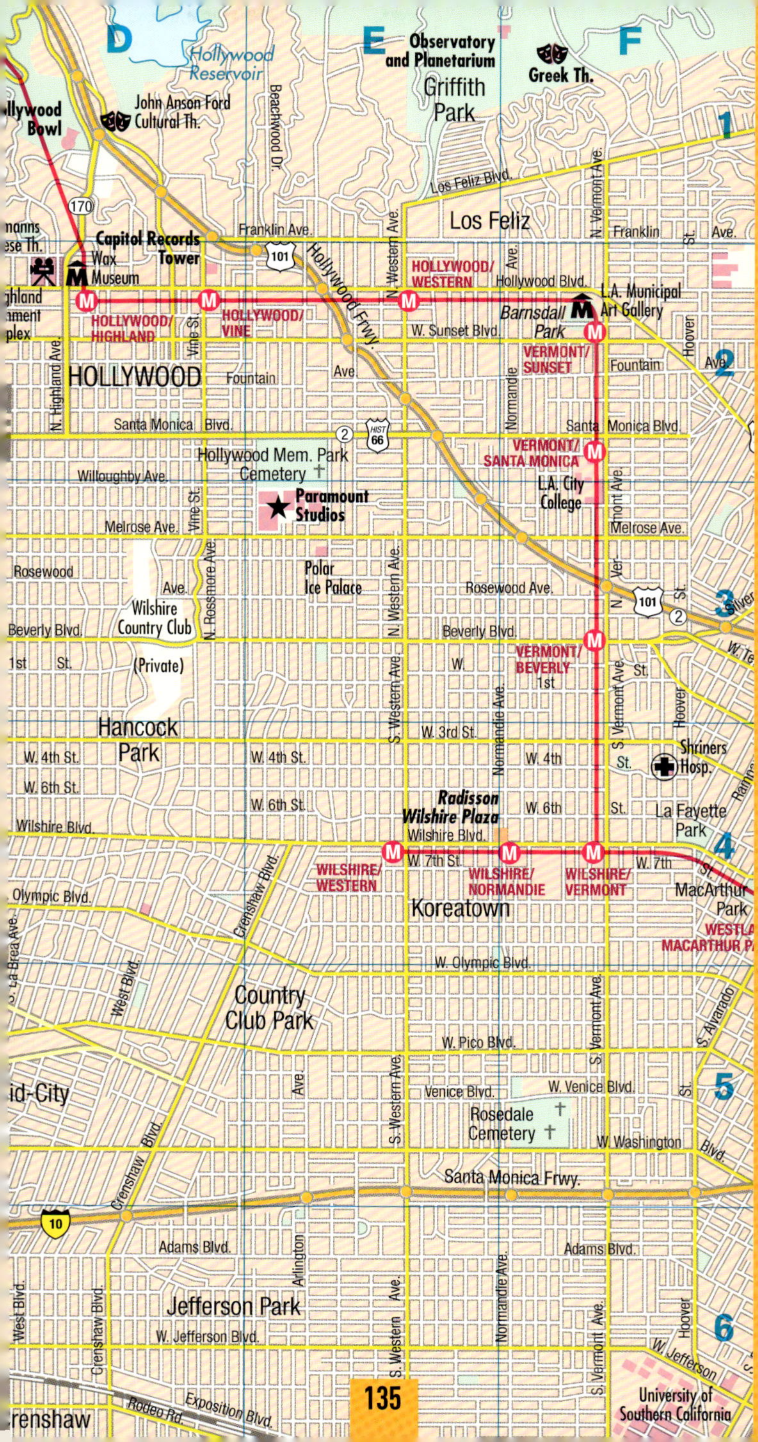
D
E
F
Hollywood Reservoir
Observatory and Planetarium
Griffith Park
Greek Th.
Bowl
John Anson Ford Cultural Th.
Beachwood Dr.
1
Los Feliz Blvd.
170
Franklin Ave.
Los Feliz
N. Vermont Ave.
Franklin
St.
Ave.
Capitol Records Tower
Wax Museum
101
Hollywood Frwy.
N. Western Ave.
HOLLYWOOD/ WESTERN
Ave.
Hollywood Blvd.
L.A. Municipal Art Gallery
HOLLYWOOD/ HIGHLAND
HOLLYWOOD/ VINE
Vine St.
W. Sunset Blvd.
Barnsdall Park
VERMONT/ SUNSET
Fountain
Hoover
Ave.
2
N. Highland Ave.
HOLLYWOOD
Fountain
Ave.
Normandie
Santa Monica
Blvd.
2
HIST 66
Santa
Monica Blvd.
VERMONT/ SANTA MONICA
Hollywood Mem. Park Cemetery
Willoughby Ave.
L.A. City College
Vine St.
Paramount Studios
Melrose Ave.
Melrose Ave.
Rosewood
N. Rossmore Ave.
Polar Ice Palace
N. Western Ave.
Rosewood Ave.
Ave.
Wilshire Country Club
N. Ver-
101
St.
2
3
Beverly Blvd.
Beverly Blvd.
VERMONT/ BEVERLY
1st
St.
(Private)
W.
1st
S. Vermont Ave.
St.
Hoover
S. Western Ave.
Normandie Ave.
Hancock Park
W. 3rd St.
W. 4th St.
W. 4th St.
W. 4th
St.
Shriners Hosp.
W. 6th St.
W. 6th St.
Radisson Wilshire Plaza
W. 6th
St.
La Fayette Park
Wilshire Blvd.
Wilshire Blvd.
WILSHIRE/ WESTERN
W. 7th St.
WILSHIRE/ NORMANDIE
WILSHIRE/ VERMONT
W. 7th
St.
4
MacArthur Park
Olympic Blvd.
Crenshaw Blvd.
Koreatown
W. Olympic Blvd.
West Blvd.
Country Club Park
S. Vermont Ave.
S. Alvarado
W. Pico Blvd.
S. Western Ave.
Venice Blvd.
W. Venice Blvd.
St.
5
Ave.
Rosedale Cemetery
W. Washington
Blvd.
Crenshaw Blvd.
Santa Monica Frwy.
10
Adams Blvd.
Adams Blvd.
Arlington
Ave.
West Blvd.
Crenshaw Blvd.
Jefferson Park
W. Jefferson Blvd.
S. Western
Normandie Ave.
S. Vermont Ave.
Hoover
W. Jefferson
6
Rodeo Rd.
Exposition Blvd.
University of Southern California

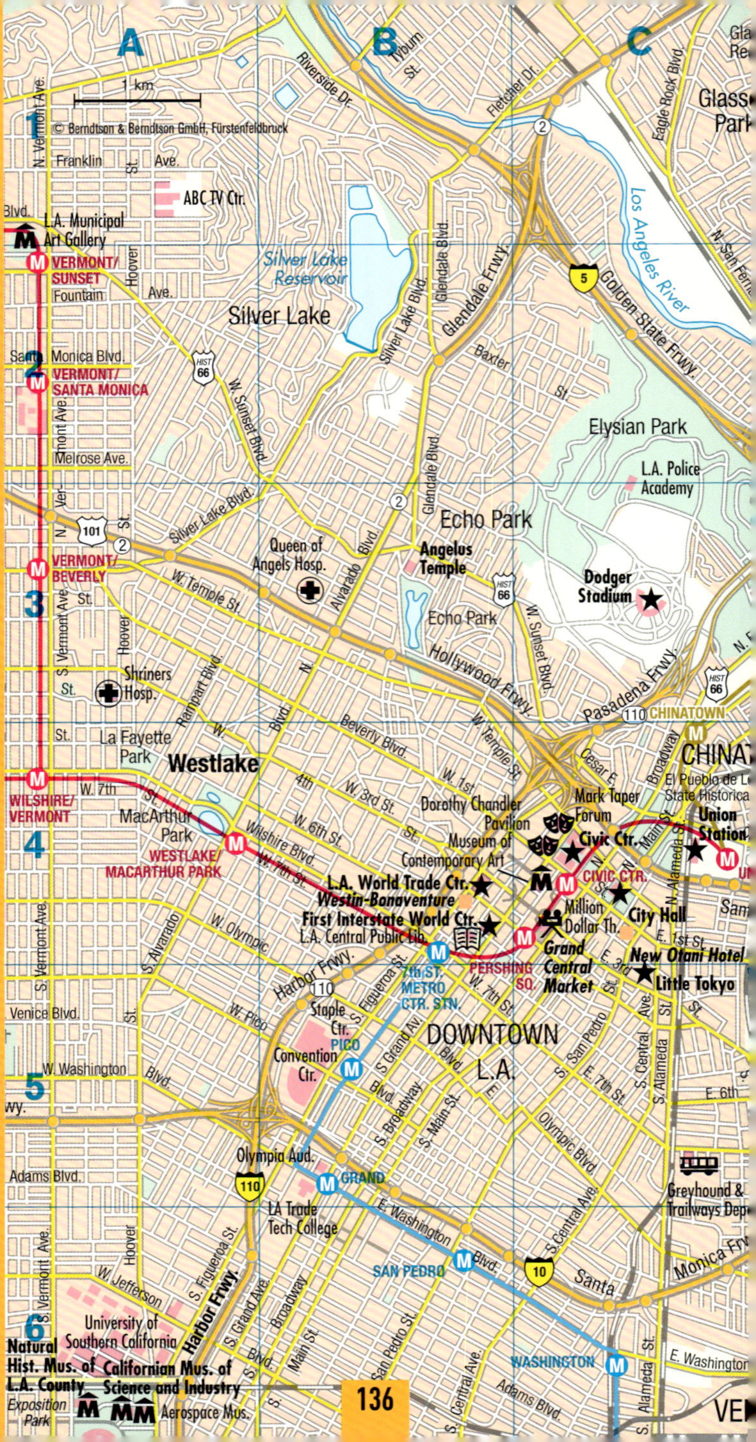

© Berndtson & Berndtson GmbH, Fürstenfeldbruck
1 km
ABC TV Ctr.
L.A. Municipal Art Gallery
VERMONT/ SUNSET
VERMONT/ SANTA MONICA
VERMONT/ BEVERLY
WILSHIRE/ VERMONT
WESTLAKE/ MACARTHUR PARK
Silver Lake Reservoir
Silver Lake
Elysian Park
L.A. Police Academy
Echo Park
Angelus Temple
Dodger Stadium
Queen of Angels Hosp.
Shriners Hosp.
La Fayette Park
Westlake
MacArthur Park
Dorothy Chandler Pavilion
Mark Taper Forum
Museum of Contemporary Art
Civic Ctr.
CIVIC CTR.
Union Station
CHINATOWN
El Pueblo de Los Angeles State Historic Park
L.A. World Trade Ctr.
Westin-Bonaventure
First Interstate World Ctr.
L.A. Central Public Lib.
Million Dollar Th.
City Hall
New Otani Hotel
Little Tokyo
Grand Central Market
PERSHING SQ.
7th ST. METRO CTR. STN.
Staple Ctr.
PICO
Convention Ctr.
DOWNTOWN L.A.
Olympia Aud.
GRAND
LA Trade Tech College
SAN PEDRO
WASHINGTON
Greyhound & Trailways Depot
University of Southern California
Natural Hist. Mus. of L.A. County
Californian Mus. of Science and Industry
Exposition Park
Aerospace Mus.
Glendale Frwy.
Golden State Frwy.
Los Angeles River
Hollywood Frwy.
Pasadena Frwy.
Harbor Frwy.
Santa Monica Frwy.

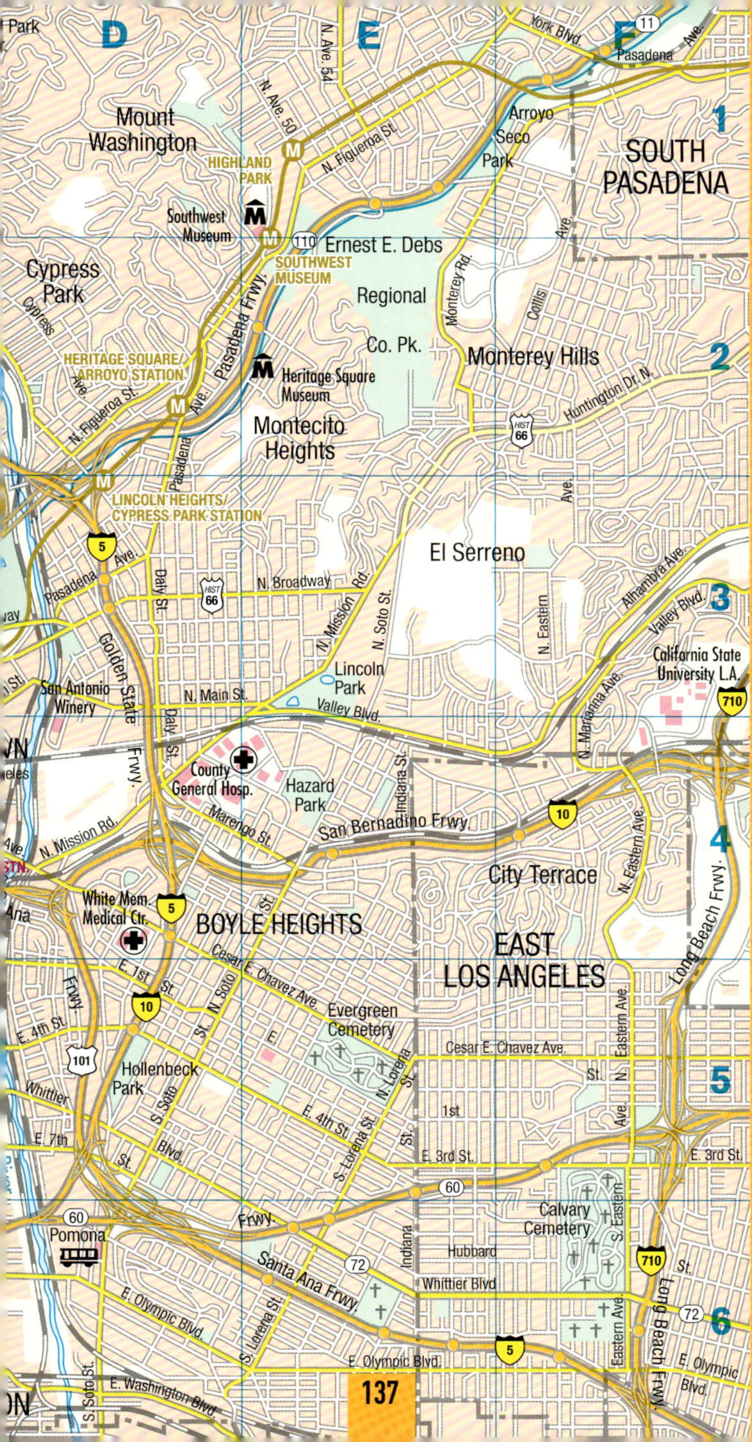
D
E
F
1
2
3
4
5
6
Park
Mount Washington
HIGHLAND PARK
Southwest Museum
SOUTHWEST MUSEUM
Cypress Park
Cypress
HERITAGE SQUARE/ ARROYO STATION
Heritage Square Museum
N. Ave. 54
N. Ave. 50
N. Figueroa St.
York Blvd.
Pasadena Ave.
Arroyo Seco Park
SOUTH PASADENA
Ernest E. Debs Regional Co. Pk.
Pasadena Frwy.
Monterey Rd.
Collis Ave.
Monterey Hills
Huntington Dr. N.
Montecito Heights
LINCOLN HEIGHTS/ CYPRESS PARK STATION
El Serreno
N. Broadway
Daly St.
N. Mission Rd.
N. Soto St.
N. Eastern Ave.
Alhambra Ave.
Valley Blvd.
California State University L.A.
Golden State Frwy.
San Antonio Winery
N. Main St.
Lincoln Park
Valley Blvd.
N. Mariana Ave.
County General Hosp.
Hazard Park
Indiana St.
Marengo St.
San Bernadino Frwy.
City Terrace
N. Mission Rd.
White Mem. Medical Ctr.
BOYLE HEIGHTS
EAST LOS ANGELES
Long Beach Frwy.
Cesar E. Chavez Ave.
E. 1st St.
N. Soto St.
Evergreen Cemetery
E. 4th St.
Hollenbeck Park
Whittier Blvd.
N. Lorena St.
1st St.
S. Soto St.
E. 4th St.
S. Lorena St.
E. 7th St.
E. 3rd St.
Frwy.
Pomona
Calvary Cemetery
S. Eastern Ave.
Hubbard St.
Indiana St.
Santa Ana Frwy.
Whittier Blvd
E. Olympic Blvd.
S. Lorena St.
E. Olympic Blvd.
Eastern Ave.
Long Beach Frwy.
S. Soto St.
E. Washington Blvd.
Ana
Ave.

A
B
C
1
2
3
4
5
6
Simi Valley
VENTURA CO.
Simi Valley- San Fernando Valley Fwy.
Mission San Fernando Rey de España
San Fernando
Foothill Fwy.
Veterans Hospital
Hansen Dam Park
Hansen Lake
Northridge
California State University Northridge
San Diego Fwy.
Golden State Fwy.
Chatsworth Reservoir
Van Nuys Airport
Canoga Park
Topanga
San Fernando Valley
Sun Valley
Burbank-Glendale-Pasadena Airport
Stough Park
Marriott Hotel
Sepulveda Dam Rec. Area
Van Nuys
Burban
Hidden Hills
Ventura Fwy.
Encino Reservoir
Calabasas
Canyon
Universal Studios Hollywood
Los Angeles River
Zoo
Griffith Park
Planetarium
Santa Monica Mountains
Stone Canyon Reservoir
Hollywood Bowl
Capitol Records Tower
Topanga State Park
Chateau Marmont Hotel
L.A. Art
Bel Air Hotel
Graumanns Chinese Theater
Hollywood
Santa Monica National Recreation Area
Getty Center
Bel Air Estates
Farmers Market
Paramount Studios
Hollywood Fwy.
Blvd.
Will Rogers State Historic Park
University of California at Los Angeles
Beverly Hills
Santa Monica Blvd.
Pacific Palisades
Brentwood
Two Rodeo Dr.
L.A. County Museum of Art
George C. Page Museum
Armand Hammer Museum of Art and Cultural Center
Century City
Santa Monica Fwy.
Museum of Natural History
Pacific Coast Hwy.
Malibu
Will Rogers State Beach
Miramar-Sheraton Hotel
SANTA MONICA
Exposition Park
Malibu Lagoon State Beach
Santa Monica State Beach
City Hall
Culver City
California Museum of Science and Industry
Venice Beach
Marina del Rey Hotel
Marina del Rey
Westchester
Hyde Park
Harbor Fwy.
Dockweiler State Beach
Inglewood
Manchester Ave.
Loyola Marymount University
The Forum
Hollywood Park Race Track
Santa Monica Bay
Los Angeles International Airport (LAX)
El Segundo
Hawthorne Blvd.
Hawthorne
Manhattan Beach
Gardena
Lawndale
Manhattan State Beach
Artesia Blvd.
San Diego Fwy.
Hermosa Beach
Redondo Beach
TORRANCE
Redondo State Beach
PACIFIC OCEAN
Western Ave.
Flat Rock Pt.
Wayfarers Chapel
Palos Verdes Estates
Lomita
South Coast Botanic Gardens
Rocky Pt.
Resort Pt.
Rolling Hills
Rancho Palos Verdes
Point Vicente
Pt. Vicente Lighthouse
Inspiration Pt.
Whalers Wharf
Royal Palms State Beach
Pt. Fermin
2 mi
2 km

Los Angeles

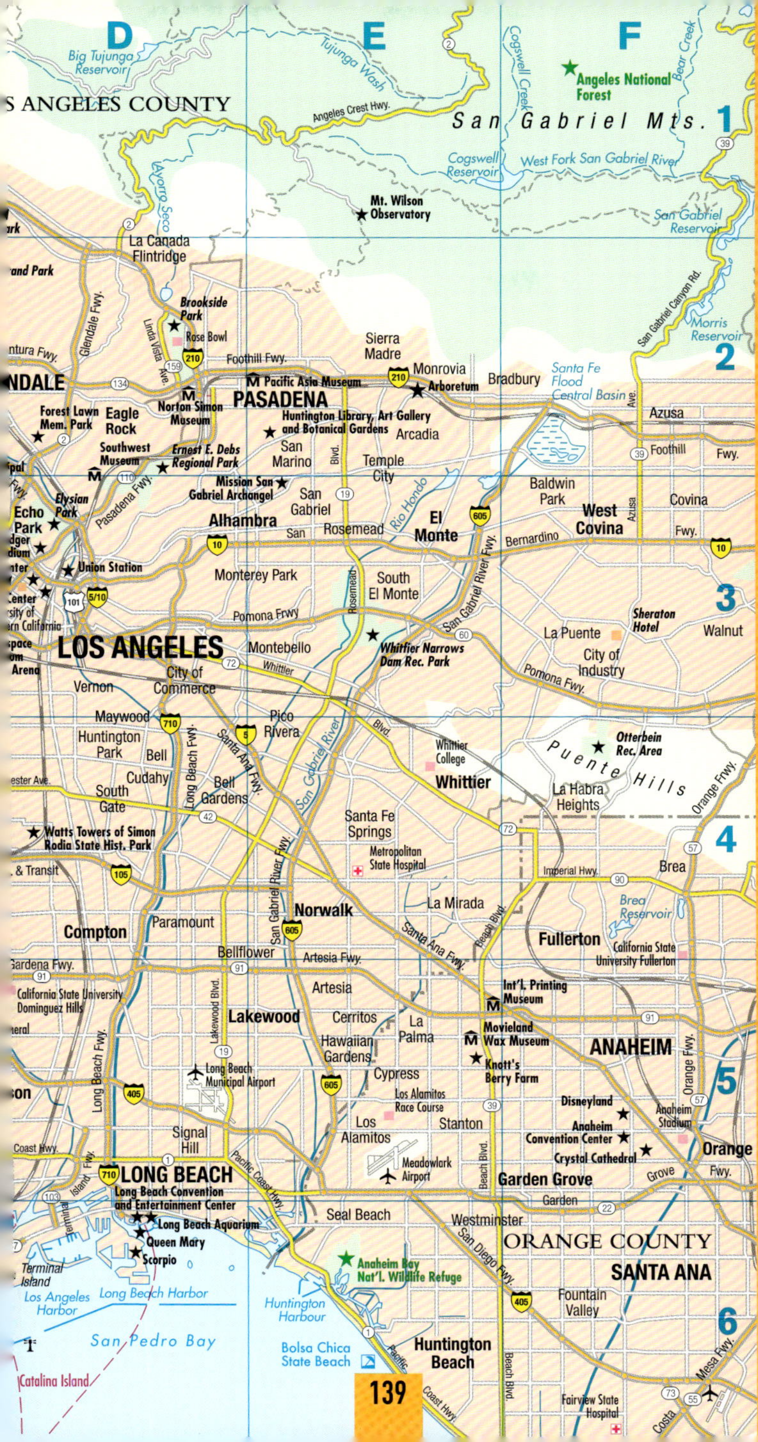
D
E
F
Big Tujunga Reservoir
Tujunga Wash
Cogswell Creek
Bear Creek
Angeles National Forest
S ANGELES COUNTY
Angeles Crest Hwy.
San Gabriel Mts.
1
Cogswell Reservoir
West Fork San Gabriel River
Arroyo Seco
Mt. Wilson Observatory
San Gabriel Reservoir
La Canada Flintridge
Brookside Park
Rose Bowl
Linda Vista Ave.
Glendale Fwy.
Ventura Fwy.
Foothill Fwy.
Sierra Madre
San Gabriel Canyon Rd.
Morris Reservoir
2
NDALE
Pacific Asia Museum
Monrovia
Arboretum
Bradbury
Santa Fe Flood Central Basin
Norton Simon Museum
PASADENA
Forest Lawn Mem. Park
Eagle Rock
Huntington Library, Art Gallery and Botanical Gardens
Arcadia
Azusa
Southwest Museum
Ernest E. Debs Regional Park
San Marino
Temple City
Foothill Fwy.
Pasadena Fwy.
Mission San Gabriel Archangel
San Gabriel
Baldwin Park
Covina
Elysian Park
Echo Park
Rio Hondo
El Monte
West Covina
Alhambra
San Rosemead
Bernardino Fwy.
Union Station
Monterey Park
South El Monte
San Gabriel River Fwy.
3
Rosemead Blvd.
Pomona Frwy
Sheraton Hotel
Walnut
LOS ANGELES
Montebello
Whittier Narrows Dam Rec. Park
La Puente
City of Industry
Whittier Blvd.
Pomona Fwy.
Vernon
City of Commerce
Arena
Maywood
Pico Rivera
Huntington Park
Bell
Long Beach Fwy.
Santa Ana Fwy.
San Gabriel River
Whittier College
Otterbein Rec. Area
Puente Hills
Cudahy
Bell Gardens
Whittier
La Habra Heights
Orange Frwy.
South Gate
Santa Fe Springs
4
Watts Towers of Simon Rodia State Hist. Park
Metropolitan State Hospital
Imperial Hwy.
Brea
La Mirada
Brea Reservoir
Norwalk
Compton
Paramount
Santa Ana Fwy.
Beach Blvd.
Fullerton
California State University Fullerton
Gardena Fwy.
Bellflower
Artesia Fwy.
California State University Dominguez Hills
Artesia
Int'l. Printing Museum
Lakewood Blvd.
Lakewood
Cerritos
La Palma
Movieland Wax Museum
ANAHEIM
Hawaiian Gardens
Knott's Berry Farm
Long Beach Fwy.
Long Beach Municipal Airport
Cypress
5
Los Alamitos Race Course
Disneyland
Anaheim Stadium
Los Alamitos
Stanton
Anaheim Convention Center
Signal Hill
Crystal Cathedral
Orange
Coast Hwy.
Meadowlark Airport
Pacific Coast Hwy.
LONG BEACH
Garden Grove
Grove Fwy.
Long Beach Convention and Entertainment Center
Garden
Seal Beach
Westminster
Long Beach Aquarium
Queen Mary
ORANGE COUNTY
San Diego Fwy.
Scorpio
Terminal Island
Anaheim Bay Nat'l. Wildlife Refuge
SANTA ANA
Los Angeles Harbor
Long Beach Harbor
Huntington Harbour
Fountain Valley
San Pedro Bay
Bolsa Chica State Beach
Huntington Beach
6
Mesa Fwy.
Catalina Island
Beach Blvd.
Fairview State Hospital
Costa

Das Register enthält eine Auswahl der im Cityatlas dargestellten Straßen und Plätze

Abkürzungen:
(BH) = Beverly Hills
(CC) = Culver City
(ELA) = East Los Angeles
(LA) = Los Angeles
(SM) = Santa Monica
(SP) = South Pasadena
(WH) = West Hollywood

STRASSENREGISTER

KARTENLEGENDE

Sehenswürdigkeit
Point of interest
Curiosité
Curiosità
Curiosidad

Int. Flughafen
Int'l. Airport
Aéroport int.
Aeroporto int.
Aeropuerto int.

U-Bahn
Subway
Métro
Metropolitana
Metro

Museum
Museum
Musée
Museo
Museo

Flugplatz
Airfield
Aérodrome
Aerodromo
Aeródromo

Schnellbahn
Commutertrain
Train express
Ferrovia urbana
Tren de cercanías

Theater
Theater
Théâtre
Teatro
Teatro

Busbahnhof
Bus station
Station d'autobus
Stazione autolinee
Estación de autobuses

Parkplatz
Car park
Parking
Parcheggio
Aparcamiento de
varios pisos

Kino
Cinema
Cinéma
Cinema
Cine

Autovermietung
Rent-a-car
Location de voitures
Noleggio automobili
Alquiler de coches

Strand
Beach
Plage
Spiaggia
Playa

Kirche
Church
Église
Chiesa
Iglesia

Postamt
Post office
Poste
Posta
Oficina de correos

Hotel
Hotel
Hôtel
Albergo
Hotel

Information
Information
Informations
Informazione
Información

Krankenhaus
Hospital
Hôpital
Ospedale
Hospital

Öffentliche Gebäude
Public buildings
Édifice public
Edificio pubblico
Edificio público

Bibliothek
Library
Bibliothèque
Biblioteca
Biblioteca

Polizei
Police
Police
Polizia
Policía

Kaufhaus
Department store
Grand magasin
Grande magazzino
Grandes almacenes

Golf
Golf
Golf
Golf
Golf

Einbahnstraße
One-way road
Rue à sens unique
Strada a senso unico
Calle de sentido único

Markt
Market
Marché
Mercato
Mercado

Stadtspaziergänge
Walking tours
Promenades en ville
Passeggiate urbane
Paseos urbanos

10 € GUTSCHEIN für Ihr persönliches Fotobuch*!

Gilt aus rechtlichen Gründen nur bei Kauf des Reiseführers in Deutschland und der Schweiz

SO GEHT'S: Einfach auf www.marcopolo.de/fotoservice/gutschein gehen, Wunsch-Fotobuch mit den eigenen Bildern gestalten, Bestellung abschicken und dabei Ihren Gutschein mit persönlichem Code einlösen.

Ihr persönlicher Gutschein-Code: mpvtt2m6c5

Zum Beispiel das MARCO POLO FUN A5 Fotobuch für 7,49 €.

* Dies ist ein spezielles Angebot der fotokasten GmbH. Der Gutschein ist einmal pro Haushalt/Person einlösbar. Dieser Gutschein gilt nicht in Verbindung mit weiteren Gutscheinaktionen. Eine Barauszahlung ist nicht möglich. Gültig bis 31.12.2013. Der Gutschein kann auf www.marcopolo.de/fotoservice/gutschein auf alle Fotobuch-Angebote und Versandkosten (Deutschland 4,95 €, Schweiz 9,95 €) der fotokasten GmbH angerechnet werden. powered by fotokasten

www.marcopolo.de/fotoservice/gutschein

REGISTER

In diesem Register finden Sie alle Orte, Sehenswürdigkeiten und Museen sowie wichtige Namen und Stichworte. Halbfette Seitenzahlen verweisen auf den Haupteintrag, kursive auf ein Foto.

> SCHREIBEN SIE UNS!

Liebe Leserin, lieber Leser,

wir setzen alles daran, Ihnen möglichst aktuelle Informationen mit auf die Reise zu geben. Dennoch schleichen sich manchmal Fehler ein – trotz gründlicher Recherche unserer Autoren/innen. Sie haben sicherlich Verständnis, dass der Verlag dafür keine Haftung übernehmen kann.

Wir freuen uns aber, wenn Sie uns schreiben.

Senden Sie Ihre Post an die MARCO POLO Redaktion, MAIRDUMONT, Postfach 31 51, 73751 Ostfildern, info@marcopolo.de

IMPRESSUM

Titelbild: Sunset Boulevard Bel Air (alamy images: Jon Hicks)
Fotos: alamy images: Jon Hicks (1); Apartment 3 (14 o.); Beauty Bar (14 u.); M. Braunger (Klappe rechts, 32, 79, 106); The Counter (15 o.); W. Dieterich (11, 27, 45, 109); Sergio Dodarro/Frederic Hemon (111u.r.); Ed Fuentes (15 M.); Karen Fuchs (12 o.); HB Verlag: Piepenburg (Klappe Mitte, 64, 115); Yasha Hetzel (12 u.); Huber: Bernhart (22/23, 49), Damm (37), Schmid (92/93), Giovanni Simeone (5, 82/83, 126/127); R. Irek (Klappe links, 2 l., 3 l., 77, 94); ©iStockphoto.com: Ivan Bastien (111 o.l.), Richard Foreman (15 u.), Barbara Kaplowitz (110 M.r.), ranplett (111 M.r.), McKevin Shaughnessy (111 M.l.), ShyMan (110 u.r.); LACVB: Grimm (20/21, 103); Laif: Falke (31, 81), Heeb (29, 40, 89, 112/113), Neumann (4 l.), Piepenburg (20, 42, 52, 56); Laif/Hemis: Mattes (60), Renault (50, 67); Learn to surf LA (110 o.l.); Look: age (55, 72, 100), CO2 (97), Heeb (2 r.), Holler (84, 87, 91), Kreuzer (58/59, 70/71); Mauritius: Kinn (16/17), Kord (8/9), Miosga (39), Pearce (6/7, 46), Photononstop: Foubert (99), Vidler (21, 102); H. Mielke (34, 102/103, 104/105); Greg Rogers: Courtesy of the Edison (13 u.); A.-B. Tietz (63, 68, 75, 76, 147); Ubiquity Recordings, Inc: Theo Jemison (13 o.); Urban Shopping Adventures: Christine Silvestri (110 M.l.); E. Wrba (3 m., 3 r., 4 r., 18, 28, 65)

5., aktualisierte Auflage 2009

Chefredaktion: Michaela Lienemann, Marion Zorn
Autoren: Sonja Alper, Anna-Barbara Tietz; Redaktion: Jochen Schürmann
Programmbetreuung: Jens Bey, Silwen Randebrock; Bildredaktion: Barbara Schmid, Gabriele Forst
Szene/24h: wunder media, München
Kartografie Reiseatlas: © Berndtson & Berndtson GmbH, Fürstenfeldbruck
Innengestaltung: Zum goldenen Hirschen, Hamburg; Titel/S. 1–3: Factor Product, München
Sprachführer: in Zusammenarbeit mit Ernst Klett Sprachen GmbH, Stuttgart, Redaktion PONS Wörterbücher

Printed in Germany. Gedruckt auf 100% chlorfrei gebleichtem Papier

FÜR IHRE NÄCHSTE REISE

Ihre Reisecheckliste

Haben Sie alles im Gepäck?

- ○ Reiseunterlagen (Tickets, Buchungsbelege, Bestätigungen)
- ○ ELVIA Reiseschutz
- ○ Impfausweis
- ○ Krankenkassenkarte
- ○ Reisepass
- ○ Führerschein
- ○ Kopien aller Papiere (zur Sicherheit)
- ○ Einreise-Visum (falls erforderlich)
- ○ Wichtige Telefonnummern
- ○ Bank-, Kreditkartensperrnummern
- ○ Kredit- bzw. ec-Karten
- ○ Medikamente / Reiseapotheke
- ○ Kulturbeutel (evtl. Kontaktlinsenmittel, Gehörschutz, Kondome)
- ○ Sonnenbrille, Ersatzbrille
- ○ Fotoapparat, Videokamera
- ○ Adapter für Fön, Rasierer
- ○ Sonnencreme
- ○ Reisewaschmittel
- ○ Nähzeug
- ○ Wörterbuch
- ○ Lieblingslektüre
- ○ MP3- und / oder CD-Player
- ○ Straßenkarte

> UNSERE INSIDERIN

MARCO POLO Korrespondentin Anna-Barbara Tietz im Interview

Die freie Journalistin und Filmemacherin Anna-Barbara Tietz lebt seit 1996 in Los Angeles. Näheres unter *www.annabarbaratietz.com*

Wie ist es dazu gekommen, dass Sie in Los Angeles leben?

Ganz zufällig. Ich wollte einfach mal für ein Jahr raus aus Deutschland. An Kalifornien hatte ich dabei nie gedacht, bis ich einen alten Studienfreund besuchte, der wegen der Filmindustrie hier war. Als wir im Januar in seinem Cabrio auf dem Pacific Highway durch Malibu cruisten, habe ich gedacht: „Warum eigentlich nicht ...". Von da an gab es immer gute Gründe, noch zu bleiben. Jahrespläne mache ich inzwischen nicht mehr. Ich bleibe hier, so lange es mir gefällt.

Was reizt Sie an Los Angeles?

Die Vielseitigkeit. L.A. ist ein Schmelztiegel der Kulturen und Lebensstile. Meine Nachbarn kommen aus der ganzen Welt. Hier ist alles erlaubt, da wird das eigene Leben zum Experiment. Man hat die ganze Bandbreite des Lebens: den Glitter der Traumfabrik und die harte Realität in den Armenvierteln, innovative Köpfe und geliftete Gesichter, die Fastfood-Gesellschaft und Gesundheitsfanatiker, erstklassige Hoch- und eine bunte Subkultur. Außerdem sind die Leute immer freundlich und positiv. Das steckt an und beflügelt den Alltag.

Wo und wie leben Sie genau?

Am Strand in Venice Beach. Und das ist herrlich. Ich gehe mindestens einmal am Tag zum Meer. Wenn mir die frische Brise um die Nase weht, ich nichts außer Wellen, Delphinen und den Horizont sehe, dann weiß ich, dass alles ok ist. Das ist meine Oase in dieser Megastadt. Fahrräder und Skateboards sind die bevorzugten Transportmittel in Venice, das macht den Alltag in Venice etwas „europäischer" als im Rest von L.A.

Was machen Sie beruflich?

Als Journalistin habe ich über die Jahre alles mögliche gemacht – Nachrichten, Print, ich war lange Zeit Radiokorrespondentin. Im Moment produziere ich hauptsächlich Beiträge für das deutsche Fernsehen. Zwischendrin arbeite ich an Dokumentarfilmen, das ist meine große Leidenschaft.

Kommen Sie viel in L.A. herum?

Ja, und das ganz nahtlos zwischen Arbeit und Freizeit. Beruflich bin ich viel auf Hollywood-Events unterwegs, ich erzähle aber auch Geschichten über ungewöhnliche Orte, über Trends und die herrlich exzentrischen Menschen in dieser Stadt. Das kulturelle Angebot ist phantastisch, und dann ist da die Natur! Ich wandere und jogge in den Bergen von Santa Monica und lerne gerade das Mountainbiking. Ich bin zur begeisterten Surferin geworden – Malibu hat die tollsten Wellen –, und ich liebe die Stille und Weite in der Wüste vor der Stadt.

> BLOSS NICHT!

Ein paar Hinweise auf Dinge, die Sie in L.A. unterlassen sollten

Öffentlich Alkohol trinken

Mit der Flasche Bier in der Hand durch die Straßen zu bummeln oder am Strand ein Picknick mit Wein zu veranstalten ist verboten. Im Auto dürfen selbst Beifahrer keinen Alkohol trinken. Vor allem an den Stränden von Malibu gibt es Polizeipatrouillen, die Kühltaschen durchsuchen und sogar an Brauseflaschen riechen, um sicher zu gehen, dass kein Alkohol umgefüllt wurde.

Jaywalken

Wer in Santa Monica die Straße in der Mitte eines Blocks oder gar diagonal überquert, muss mit einem Strafzettel rechnen. Jaywalken ist verboten!

Nachts an den Strand gehen

Auf romantische Strandspaziergänge bei Nacht sollten Sie unbedingt verzichten. Obwohl es viele Polizeistreifen gibt, sind Sie dort vor Überfällen nicht sicher.

Drängeln

Vordrängeln ist eine Todsünde. An der Kasse, auf der Straße, im Postamt, bei der Bank: Stellen Sie sich immer hinten an!

Oben ohne baden

Sonnen und Baden oben ohne ist verboten. Selbst in einsamen Buchten nicht zu empfehlen.

Rauchen

Flugzeuge im Inlandsverkehr, der Flughafen selbst (LAX), Shoppingmalls, offizielle Gebäude, Hochhäuser, Restaurants, Bars und Strände sind erklärte Nichtraucherzonen. Wer sich in Hotelzimmern und Mietwagen, die mit einem Nichtraucherschild ausgewiesen sind, oder überall sonst, wo es ausdrücklich verboten ist, trotzdem eine Zigarette anzündet, muss mit einer Geldstrafe rechnen.

In Restaurants sich selbst setzen

Warten Sie nach dem Betreten eines Restaurants, bis die Hostess Sie willkommen heißt. Sie wird Sie dann an einen Tisch führen. Es wird als unhöflich angesehen, wenn Sie sich selbst nach einem Platz umsehen oder sich gar zu jemandem an den Tisch setzen. Man wird Sie bitten zu warten.

Mit Trinkgeld geizen

In Deutschland ist Trinkgeld dem Ermessen des Gasts überlassen, in den USA ist das *tip* in Restaurants und Cafés genau wie die Mehrwertssteuer in Geschäften ein akzeptierter Bestandteil des Endpreises – auch wenn der übliche Aufschlag von 15–20 Prozent nicht auf Speisekarte oder Rechnung steht. Das Personal ist auf das Trinkgeld angewiesen, weil es vom Arbeitgeber nur den Mindestlohn bekommt. Bei Gruppen ab ca. 6 Leuten, vor allem in Touristenrestaurants, wird das *tip* oft automatisch in Rechnung gestellt.